Die Reorganisation

der

Staats- und der Selbstverwaltung

in Preußen.

Von

Dr. **Lette**,
Präsident des Revisionscollegiums für Landeskultursachen, Mitglied des norddeutschen Reichstages und Mitglied des Preuß. Hauses der Abgeordneten.

Abdruck aus dem XXII. Bande der Preußischen Jahrbücher.

Berlin.
Druck und Verlag von Georg Reimer.
1868.

Die Reorganisation

der

Staats- und der Selbstverwaltung

in Preußen.

Von

Dr. **Lette**,

Präsident des Revisionscollegiums für Landeskultursachen, Mitglied des norddeutschen Reichstages und Mitglied des Preuß. Hauses der Abgeordneten.

Abdruck aus dem XXII. Bande der Preußischen Jahrbücher.

Berlin.

Druck und Verlag von Georg Reimer.

1868.

Die Sitzung vom 15. November 1867 bis 29. Februar 1868, im Wesentlichen mit Finanzgesetzen vollauf beschäftigt, hat nichts desto weniger, und zwar ohne jede Initiative der Staatsregierung, die ernsteste und gewichtigste Frage der inneren Politik — die Umformung und fortschreitende Entwickelung der Staats- und der Selbstverwaltung — in den Vordergrund gedrängt.

Neue Landestheile mit verschiedenen Einrichtungen im Organismus der Staatsverwaltung wie der Kommunen und politischen Korporationen sind mit dem Staate vereinigt, während der Zeit der Dictatur bis 1. October v. J. allerdings erhebliche Abänderungen jener Organismen durch Königliche Verordnungen bewirkt, doch aber auch manche Disharmonien zwischen den Einrichtungen der alten und der neuen Landestheile verblieben. Es war nicht blos Vorliebe für bestehende Einrichtungen, sondern mehr die Ueberzeugung von deren Vorzügen, welche einer noch allgemeineren Uebertragung der Einrichtungen der älteren Provinzen widerstanden hatte.

Die Berathungen über den Staatshaushalt mußten von selbst zu einer Vergleichung der Institutionen im Verwaltungsorganismus der alten und der neuen Provinzen und damit zu Debatten über eine Reform dieser Institutionen im erweiterten Staatsgebiet führen. Anträge und Resolutionen wegen Gleichstellung der Beamtengehalte berührten zugleich die Staatsfinanzen auf empfindliche Weise. Das Haus der Abgeordneten konnte deshalb statt der von der Staatsregierung verlangten speziellen Etatssätze in mehrfacher Beziehung nur Pauschquanta bewilligen, sonach verschiedene Staatsverwaltungs-Organe nur als Provisorien anerkennen. Im Uebrigen schien eine gelegentliche Debatte des Hauses über die Umgestaltung des Staatsverwaltungs-Organismus durchaus ungeeignet, um dem Minister des Innern, wie er dies wünschte, definitive Vorschläge aus der Mitte des Hauses zu unterbreiten. Die Vorbereitung und Einbringung solcher Entwürfe mußte von der eigenen Initiative der Staatsregierung ausgehen. Ohnehin hatte sie unter der Dictatur in den neuen Provinzen einzelne Einrichtungen getroffen, bei denen, z. B. in Betreff der Zusammensetzung von Kreis-, Kommunal- und Provinzialständen, Verbesserungen nicht verkannt werden sollen. Auf ihren Antrag war auch die dauernde Gewährung eines Provinzialfonds für die Provinz Hannover von jährlich 500,000 Thaler zur Befestigung und Erweiterung der provinzialständischen Selbstverwaltung bewilligt worden; und dies in Aussicht auf ähnliche Zugeständnisse für die alten, wie für die anderen neuen Landestheile.

Nach einem fast zwei Jahrzehnte hindurch geführten parlamentarischen Kampfe schienen sich nunmehr alle im Abgeordnetenhause vertretene Parteien im Allgemeinen zu der Ueberzeugung geeinigt zu haben, daß das Bedürfniß einer Reform auf dem kommunalen Gebiete des Staatslebens nicht länger zurückzuweisen sei. Dafür hatte sich selbst das neueste Programm der konservativen Partei vom 24. October v. J. ausgesprochen.

Allerdings kann und wird Preußen um seiner Existenz und um der äußeren Macht Deutschlands willen zu keiner Zeit in eine Auflösung oder Lockerung seiner Provinzen bis zur Grenze selbständiger Föderativstaaten willigen dürfen. Es ist nicht blos die Einheit des Staates, sondern auch die für die Einheit nothwendige Centralisation und Kraft der Staatsverwaltung in den ihr eignenden Angelegenheiten festzuhalten. Andererseits verlangt aber bei solcher Zusammenfassung der Staatskräfte in dem erweiterten Reich um so mehr auch die D e c e n t r a l i s a t i o n ihr Recht durch Uebertragung der Selbstverwaltung an Gemeinden, Kreise und Provinzen in allen den Angelegenheiten, welche ihnen ohne Gefährdung des Staatsganzen überlassen werden können. Aus der Theilnahme der Nation, nicht blos an der Gesetzgebung, sondern auch an der Verwaltung der öffentlichen Angelegenheiten erwächst allein die politische Einsicht und Erfahrung, die erhaltende Gesinnung und opferbereite Liebe für die Institutionen des Landes. Dadurch werden die neuen Landestheile mit dem alten Staate um so rascher und sicherer verschmolzen. Der Genius des deutschen Volkes verwirft eine Centralisation nach französischem Muster und Vorbilde. Der deutsche Charakter empört sich auch heute, wie zu allen Zeiten, gegen ein Intendanten- und Präfectenthum, wie es in Frankreich das alte Regime, die Revolution und das Kaiserreich, nicht zum Segen und inneren Frieden des Landes, je länger je mehr einführten und befestigten. Vor allen anderen Verfassungsformen bedarf die konstitutionelle Monarchie, zu ihrer sicheren und dauernden Fundamentirung, der auf Mit- und Selbstverwaltung der Nation beruhenden, durch Verfassung und Gesetz in fester

Gliederung ausgeprägten Institutionen. Das ist in Preußen auch an höchster Stelle anerkannt. Die Thronrede, mit welcher die Sitzung eröffnet wurde, erklärte: „daß die Regierung der Fortbildung der Kreis- und Provinzial-Verfassungen ihre besondere Aufmerksamkeit zuwende und dem Landtage, sobald die erforderlichen Vorbereitungen beendet sind, darauf bezügliche Gesetzentwürfe zugehen lassen werde."

Bei einem Rückblick auf die seit dem Jahre 1850 fast unausgesetzt gepflogenen legislativen Verhandlungen über diesen Gegenstand, auf die seitdem so oft vorgelegten Gesetzentwürfe, auf die wiederholten Petitionen, Anträge und Kommissionsberichte, endlich auf die unter der Dictatur erlassenen Kommunalgesetzgebungen für die neuen Provinzen, durfte das Abgeordnetenhaus sich nun freilich der Hoffnung hingeben, daß es fortan nicht mehr langaussehender Vorbereitungen für desfallsige Reformen bedürfen werde. Der Kommissarius des Ministers des Innern versicherte denn auch, bei Gelegenheit der Berathung jener zahlreichen Petitionen aus den östlichen Provinzen in der Gemeinde-Kommission, „daß die Staatsregierung mit der Ausarbeitung einer Kreis-Ordnung für die älteren Provinzen des Staats fortgesetzt eifrig beschäftigt sei und sie den Entwurf derselben dem Landtage möglicher Weise noch im Laufe dieser Session zur Berathung vorlegen zu können hoffe." Indeß blieb ein solcher Gesetzentwurf aus.

Bei dieser Sachlage beschloß das Abgeordnetenhaus nach dem Antrage seiner Gemeinde-Kommission in der Sitzung vom 11. December pr.: „die Petitionen der Staatsregierung mit der dringenden Aufforderung zu überweisen, noch in dieser Session der Landesvertretung den Entwurf einer neuen Kreis-Ordnung und einer Provinzial-Ordnung, sowie ein Gesetz wegen Aufhebung der gutsherrlichen Polizei vorzulegen."

Zu umfassenderen Gesichtspunkten führten sodann die Budgetberathungen. Es trat dabei klarer hervor, daß die Erweiterung der Selbstverwaltung — ganz abgesehen von einer anderweiten Einrichtung und Zusammensetzung der Kommunal-Vertretungen — mit Nothwendigkeit eine Abänderung der Einrichtungen auch der Staatsverwaltungsbehörden und Beschränkungen des Wirkungskreises derselben im Gefolge haben müsse.

Darauf beruhte der nunmehr ausgedehntere Beschluß des Abgeordnetenhauses (Antrag Solger): „die Staatsregierung aufzufordern, eine vollständige Reorganisation der gesammten inneren Verwaltung, insoweit sie gegenwärtig zum Geschäftskreis der Regierungen gehört, in Uebereinstimmung mit den für eine neue Ordnung der Gemeinde-, Kreis- und Provinzial-Verfassungen zu erlassenden und bereits theilweise in Aussicht gestellten Gesetzen bald möglichst herbeizuführen und in der nächsten Sitzungsperiode des Landtags die desfallsigen Gesetze vorzulegen."

Diesem Beschluß setzte der Minister des Innern keinen erheblichen Widerspruch entgegen. Derselbe bildet fortan den Ausgangspunkt und das Ziel für die Reformen der inneren Politik und demzufolge voraussichtlich den Hauptgegenstand der nächstbevorstehenden legislativen Berathungen der preußischen Landesvertretung. Denn die Königliche Thronrede am Schlusse der Sitzung verhieß: „daß in Betreff der vom Könige erstrebten Fortbildung der Verwaltungseinrichtungen, — worüber innerhalb der Landesvertretung nur vorläufige Erörterungen hätten stattfinden können — die hierüber geäußerten Auffassungen und Wünsche bei den im Gange befindlichen legislatorischen Vorarbeiten eingehende Beachtung finden würden." Und in Uebereinstimmung mit den Erklärungen des Ministerpräsidenten bei der bezüglichen Berathung, hieß es ferner in der Thronrede: „daß durch Bewilligung des Provinzialfonds für Hannover thatsächlich der Boden betreten sei, auf welchem nach der Absicht der Staatsregierung auch für alle anderen Provinzen eine erfolgreiche Selbstverwaltung erwachsen solle."

So sind wir zu der Erwartung berechtigt, daß für die lange zurückgebliebene innere Politik des preußischen Staats und den zeitgemäßen Ausbau seiner Institutionen endlich eine fruchtbarere Epoche anbrechen werde.

Mit Rücksicht hierauf versuchen wir es, ohne die realen gegebenen Verhältnisse zu ignoriren, ohne die wesentlichen Grundlagen des bestehenden Staatsverwaltungsorganismus zu verändern, die Lineamente und Principien der Reorganisation der Staats- und Selbstverwaltung für eine bevorstehende Gesetzgebung zu zeichnen.

Dieser Versuch soll die in zwei früheren Schriften niedergelegten Vorschläge und Entwürfe: „zur Reform der Kreisordnung und ländlichen Polizeiverfassung," ferner „der Landgemeinde-Ordnung für die sechs östlichen Provinzen" ergänzen und weiter entwickeln.

Wir werfen zunächst einen vergleichenden Blick auf den Entwickelungsgang der inneren Politik in den älteren Provinzen und in einigen der wichtigsten neuen Landestheile.

In dem alten Preußen ging eine selbständige consequente Gesetzgebung schon seit dem Jahre 1807 mit der Grundlegung des Selfgovernments vor. Wir erinnern an das Edikt vom 9. October 1807, welches nicht blos die Leibeigenschaft und Erbunterthänigkeit ohne Entschädigung, sondern auch die durch Privilegien des Güterbesitzes und Sonderung der Berufs- und Gewerbsthätigkeiten mehr wie anderwärts eingeführte Gliederung dreier Stände in ihren Elementen auflöste und an deren Stelle die volle Freiheit des Güterverkehrs mit Grundbesitzungen, wie die freie Wahl des Gewerbes und Lebensberufs setzte. Daran schloß sich alsbald die Städteordnung von 1808, ferner die Trennung von Justiz und Verwaltung, die Einführung der allgemeinen Wehrpflicht mit Aufhebung aller Exemtionen, die Beseitigung der Zwangs- und Bannrechte nebst unbedingter Gewerbefreiheit, die Verleihung eines vollen und freien, daher auch theilbaren Eigenthums an die bäuerlichen Wirthe, nebst dem Landkultur-Edikt von 1811, später (1821) die Gemeinheitstheilungs-, bezüglich Servitutablösungs- wie die Ordnung wegen Ablösung von Diensten und von jeder Art von Naturalbelastungen der Grundstücke. Sehr abweichend von der Gesetzgebung der benachbarten deutschen Lande Hannover und Hessen-Cassel wurden durch die Gesetze vom 21. April 1825 die für das vormalige Königreich Westfalen und Großherzogthum Berg und die vormals französisch-hanseatischen Departements unter der Fremdherrschaft ergangenen Agrargesetze — in Uebereinstimmung mit den in den älteren Provinzen der Monarchie seit dem Jahre 1807 erlassenen Vorschriften — in ihren wesentlichen Bestimmungen anerkannt.

An Beschränkungen der bürgerlichen und menschlichen Freiheit durch Untersagung der Ehe und Familiengründung, des humansten, sittlichsten, die Veredlung des Menschen am meisten fördernden Instituts — daher sogar eines Sakraments nach katholischer Vorstellung — durch ein Veto von Polizei- oder Gemeindebehörden (wie es bis heute in Württemberg, Baiern u. s. w. geltendes Recht ist oder doch kürzlich noch war) hat die Gesetzgebung Preußens niemals gedacht.

Ein Gesetz vom Jahre 1812 verfügte die bürgerliche Emancipation der Juden, welche in manchen deutschen Staaten bis zur Neuzeit noch keine volle Anerkennung fand. Als eine der bedeutendsten, die deutsche Mission Preußens einleitenden Maßregeln aber ist das Zoll- und Finanzsystem der Jahre 1818 und 1820 hervorzuheben, welches von dem im Jahre 1817 konstituirten Staatsrath unter Wilhelm v. Humboldt's Präsidium berathen wurde. Die im Anfange der zwanziger Jahre erlassenen Agrargesetze förderten Kultur und Wohlstand der Landbevölkerung und mittelbar die unter dem Regime der Gewerbefreiheit mehr und mehr erstarkende Industrie. An der Ausführung aller jener freiheitlichen Maßregeln arbeitete das im Geiste Stein's und seiner Instruktionen von 1808 gehobene preußische Beamtenthum mit Eifer und Pflichtbewußtsein. Es war eine historisch bemerkenswerthe Erscheinung, daß der zur Begutachtung der Gesetze, darunter auch der von der Mehrzahl der Provinzialstände ausgehenden rückläufigen Anträge auf Umkehr und Abänderung der Stein-Hardenberg'schen Gesetzgebung, berufene Staatsrath diese Anträge bis zu den vierziger Jahren beharrlich verwarf. So war in den älteren Provinzen die persönliche und wirthschaftliche Freiheit, diese öfter auch vom Konstitutionalismus zu wenig gewürdigte Voraussetzung aller echten, freien kommunalen und politischen Bildungen, in Preußen als absolute Grundlage der Gesellschaftsverfassung anerkannt. Und das vollzog sich zur Zeit des absoluten Staates! In der Mark tagten die alten Stände (Adel, Ritterschaft und Städte) 1654 zum letzten Mal. Schon König Friedrich Wilhelm I. hatte in der Verordnung von 1719 erwogen: „was für eine edle Sache es sei, wenn seine Domainen-Unterthanen statt der Leibeigenschaft sich der Freiheit rühmten und ihres Hauses und Heerdes, ihres Ackers und Eigenthums für sich und die Ihrigen, für Gegenwart und Zukunft gesichert seien," wogegen derselbe König 1713 den märkischen Ständen auf deren Antrag wegen Konfirmation der älteren Recesse zu erkennen gab: „daß er selbst für das Beste und die Wohlfahrt seiner Unterthanen, insbesondere dafür sorgen werde, daß Gerechtigkeit in seinem Lande blühe, übrigens zuvor prüfen wolle, wieweit die alten Recesse noch anwendbar und ob nicht das eine oder andere, so zu des Landes Flor und Wachsthum dienen könne, darin zu verändern und zu verbessern sei."

Von Streitigkeiten mit Ständen und von dynastischen Ansprüchen, wie sie in der Mehrzahl anderer deutscher Länder über die Domainenfrage vorkamen, findet sich in der preußisch-brandenburgischen Geschichte und der Gesetzgebung dieses Staates keine Spur. Die Domainen waren als Staatsgüter ausdrücklich anerkannt. Es bestimmte König Friedrich Wilhelm III. sofort nach dem beendigten Freiheits-Kriege die schon im allgemeinen Landrecht als Staatsgüter anerkannten Domainen und deren Ertrag zu den öffentlichen Ausgaben und durch allmähliche Veräußerung zur Abtragung der Kriegs- und Staatsschulden. Er beschränkte sich demnächst in den berühmten Verordnungen wegen künftiger Behandlung des gesammten Staatsschuldenwesens und des Staatshaushalts vom 17. Januar 1820 auf eine mäßige Civilliste.

Anders und im Gegensatz zu der auf persönlicher und wirthschaftlicher Freiheit gegründeten *Gesellschaftsverfassung* verhielt es sich mit der Fortbildung der *politischen* und *kommunalen* Institutionen im alten

Preußen. Die dafür gewonnenen realen Fundamente wurden ignorirt und künstliche Gebäude nach der Phantasie ständischer Gliederungen geschaffen. An die Stelle der Verordnung vom 22. Mai 1815 über die zu bildende Repräsentation des Volkes traten die Gesetze von 1823 über die Einführung der Provinzialstände und die Kreis-Ordnungen von 1824 ꝛc., mit dem oft hervorgehobenen überwiegenden Vorrecht in der Vertretung des gleichwohl dem Erwerbe bürgerlicher Personen offenstehenden, dabei in mehreren Provinzen bis 1861 überdies grundsteuerfreien Rittergutsbesitzes. Und doch hatte schon das Edikt vom 30. Juli 1812 „die fortdauernde nach Einführung allgemeiner Gewerbefreiheit und bei gleichen Interessen ganz unbegründete Absonderung der kleinen städtischen Kommunen, der Städteeigenthümer, der Domainenämter und ritterschaftlichen Societäten, in Betreff der Kommunalangelegenheiten, wie den Mangel der Repräsentation bei einigen dieser Societäten und deren Einseitigkeit bei anderen," gerügt, ingleichen „das Uebergewicht, welches einzelne Klassen von Staatsbürgern durch ihren vorherrschenden Einfluß auf die öffentlichen Verwaltungen aller Art haben, da dieser Einfluß vielmehr gleichmäßig vertheilt sein sollte;" es hatte selbständige Kreis-Gemeindeverbände, einstweilen mit gleichmäßiger Vertretung der Städte, Rittergutsbesitzer und Bauern, vorbehaltlich des Erlasses einer neuen Kommunal-Ordnung, angeordnet. Obschon ferner eine der oben erwähnten Königlichen Verordnungen vom 17. Januar 1820 das Staatsministerium und den Staatsrath wiederholt an die Bearbeitung der Schul- wie der Kommunal-Ordnung erinnerte, so ergingen doch erst weit später und zwar nur für die beiden westlichen Provinzen, für Westfalen am 31. October 1841 auch eine besondere Landgemeinde-Ordnung, für die Rheinprovinz unterm 23. Juli 1845 eine für Stadt und Land gemeinsame Gemeindeordnung.

In der Staatsregierung machte sich später eine gewisse System- und Ziellosigkeit geltend, welche sie zwischen den in Bewußtsein und Leben der Nation eingedrungenen Principien der Jahre 1807—1815 und den Gegenströmungen schwanken ließ. Die Legislation war erschlafft, die Staatsentwickelung gehemmt. Das Institut der Provinzialstände hatte sich durchaus ungenügend erwiesen. Die Berufung des vereinigten Landtags nach dem Patent vom 3. Februar 1847 war zur dringenden politischen Nothwendigkeit geworden. Indeß sollte erst die Bewegung des Jahres 1848 zu einer weiteren Fortbildung der Verfassungszustände führen. Die alsbald nach Publikation der preußischen Verfassungs-Urkunde vom 31. Januar 1850, als Fundamente des konstitutionellen Staatslebens, aus der Initiative der damaligen Staatsregierung (Minister Frhr. v. Manteuffel) hervorgegangenen Gemeinde-, Kreis-, Bezirks- und Provinzial-Ordnungen vom 11. März 1850 wurden jedoch nach wenigen Jahren wiederum aufgehoben und die älteren Verfassungen wieder hergestellt. Im Jahre 1856 wurde sogar die gutsobrigkeitliche Polizeigewalt über die Landgemeinden der östlichen Provinzen mit erweiterten neuen Bestimmungen restaurirt.

Durchaus abweichend von dem geschilderten Entwickelungsgang der preußischen Gesetzgebung verfuhr man im vormaligen Königreich Hannover und Kurfürstenthum Hessen nach Entfernung der Fremdherrschaft, 1814 und 1815.

„Die rückkehrenden Fürsten (sagt Häusser) hatten keine Ahnung davon, wieviel einst ihr eigenes Thun zum Sieg des fremden Drängers beigetragen hatte; in ungeduldiger Hast knüpften sie da wieder an, wo sie vordem aufgehört und suchten eben den kranken Zustand, der die Schmach und das Verderben erzeugt, neu in's Leben zu rufen. In Hannover kam die alte Regierung so zurück, wie sie 1803 mit Schmach und Lächerlichkeit bedeckt gewichen war. Die Adels- und Beamten-Koterie ergriff von Neuem das Ruder. Die alte schleppende Rechtspflege, der privilegirte Gerichtsstand ꝛc. war in Kurzem wieder da. Die Juden mußten wieder Leibzoll bezahlen; Stockprügel und Gassenlaufen begann neu zu floriren, die Justiz war wieder mit der Polizei und Verwaltung der Domainen vereinigt u. s. w."

Die Reaction traf insbesondere auch die wohlthätige Agrar- und Gewerbe-Gesetzgebung der Fremdherrschaft.

In Bezug auf Kurhessen sagt Häusser: „Wahre Saturnalien der Restaurationspolitik erlebte das schwer geprüfte Land, wo der vertriebene Landesherr schon 1814 mit begeistertem Jubel empfangen worden war. — Im Kriegswesen wurden die früher geltenden Befreiungen vom Militärdienste wieder eingeführt u. s. w.; es lebten drückende Steuern und Grundbelastungen aus der Zeit vor 1807 wieder auf, während die neuen Steuern blieben. Der Code Napoleon ward abgeschafft und es wurden die alten Vorschriften des römischen, deutschen und kanonischen Rechtes mit allen partikularrechtlichen Verschiedenheiten wieder eingeführt. Der privilegirte Gerichtsstand kehrte zurück, Justiz und Verwaltung wurden wieder in einer Behörde verschmolzen. Mehr als dreimonatliche Freiheitsstrafe erkannte der Regent selbst; die Gerichte hatten dabei nur ein Gutachten. — Ueberhaupt aber wurde das Feudalwesen ganz so wieder hergestellt, wie es am 1. November 1806 bestanden hatte; ebenso die alte Gemeinde-Verfassung." Damit verschwanden auch die fremdländischen Agrar- und Gewerbe-Gesetzgebungen, sowie die persönliche und die wirthschaftliche Freiheit des Bauernstandes, diese dankenswertheste Octroirung der Fremdherrschaft, welche überdies in den von letzterer occupirten deutschen Ländern mit maßvollerer Berücksichtigung der Rechtszustände eingeführt war, als sie einst, im Taumel urplötzlicher Begeisterung, in der Nacht des 4. August des Jahres 1789 von der französischen National-Versammlung decretirt worden.

Die wiederhergestellten Beschränkungen der Arbeit und der Gewerbe erwarteten zumeist ihre Befreiung — das Correlat der freien Agrarverfassung — erst seit den jüngsten Annexionen. Nur die Bann- und ausschließlichen Gewerberechte sind 1852 in Hannover abgeschafft. Dagegen kam es, wie den Verfassungszuständen, so vorzüglich der Agrargesetzgebung und namentlich der Befreiung des Bauernstandes von der Eigenbehörigkeit, von Diensten und Reallasten, zu statten, daß wieder von Frankreich aus, in Folge der dortigen Revolution vom Jahre 1830, sich die Bewegung auf mehrere deutsche Mittelstaaten fortpflanzte.

In Hannover, wo allerdings provinzielle Gemeinheits- und Markentheilungs-Ordnungen schon im Anfang dieses Jahrhunderts erlassen waren, ergingen alsbald nach 1830 die Ordnungen vom 10. November 1831 und 23. Juli 1833 über Ablösung der Grund- und gutsherrlichen Lasten und Regulirung der bäuerlichen Verhältnisse, dabei über Lösung der Eigenbehörigkeit gegen Entschädigung. Im Kurfürstenthum Hessen erklärte die revidirte und vereinbarte Verfassungs-Urkunde vom 5. Januar 1831 die Leibeigenschaft für aufgehoben, jedoch nur vorbehaltlich der daraus entspringenden unständigen Abgaben, auch der Sterbefälle, — und ergingen dann die Gesetze vom 29. Februar und 23. Juli 1832 über die Entschädigung der aufgehobenen Jagddienste &c., wie über Ablösung von Grundzinsen, Zehnten, Diensten und anderen Reallasten.

In beiden Ländern verdankte man diese freiheitlichen und wirthschaftlichen Fortschritte nicht, wie in Preußen, der Staatsregierung, sondern vielmehr dem Andrängen der Stände, besonders der zweiten Kammern, im Kampfe mit dem Absolutismus und der Feudalität.

Dagegen aber ergingen, im Gegensatz zur inneren Politik Preußens und zu der hier seit 1852 eingetretenen Reaction, in Hannover in demselben Jahre (unterm 4. Mai 1852) das Gesetz für die Landgemeinden, ferner am 16. September 1852 die Amts-Ordnung, wodurch die selbständige Verwaltung der Amtsbezirke und die kommunale Aufsicht nebst der Polizei in die Hände Königlicher Beamten mit bestimmt abgegrenzten Befugnissen gelegt, die Gemeinden auch zur Wahl ihrer Vorsteher und zur Mitwirkung bei allen sie berührenden Angelegenheiten berufen wurden, woran sich unterm 28. April 1859 eine vollständigere Landgemeinde-Ordnung und ein zweckmäßiges Gesetz über die Amtsvertretung und deren Kompetenzen anschlossen.

Auch Kurhessen erhielt, in Vollziehung der Bestimmungen seiner

Verfassungs-Urkunde von 1831, unterm 23. October 1834 die Gemeinde-Ordnung zugleich für Landgemeinden, welche, bei aller Unvollkommenheit in Betreff der Gemeindeangehörigkeit und des Erwerbes von Heimathsrechten, doch die Bildung größerer Bürgermeister- und Heimathsbezirke, wie die Einordnung der Ritter- und adligen Freigüter in den örtlichen Gemeindeverband zu fördern bestrebt ist, die Einsetzung größerer Gemeindeausschüsse zur Vertretung der Gemeinden anordnet und die Wahl des verwaltenden Ortsvorstandes, resp. des Gemeinderaths, wie des größeren Gemeindeausschusses, auch den Landgemeinden bewilligt.

Die nachfolgenden Vorschläge über Reorganisation der Staats- und Selbstverwaltung. beschränken sich auf die Darlegung der Prinzipien und wesentlichen Grundzüge. Die Ausführung der Details muß der Initiative der Regierung und der langjährigen Praxis und Erfahrung ihrer Beamten überlassen werden. Desgleichen erstreckt sich unsere Erörterung nicht auf alle einzelnen Gegenstände, welche mehr oder minder von der Organisation betroffen werden. Noch weniger vermögen wir auf das weite Gebiet der materiellen Gesetzgebung einzugehen, mit der es gegenwärtig noch die Behörden zu thun haben. Es mag hier nur angedeutet werden, daß die Vereinfachung und Verminderung der Geschäfte der Unter-, Mittel- und obersten Behörden großentheils davon abhängt, daß die büreaukratische Polypragmasie und damit verbundene Einmischung in persönliche, Familien- und Verkehrsverhältnisse der Bürger aufhört, oder doch möglichst beschränkt werde. Welche längst als unnütz und schädlich erkannte Masse von minutiösen Geschäften lag nicht den Landräthen und Regierungen ob, als noch das Zunftwesen, die Zwangs- und Bannrechte, der Wanderzwang, das sogenannte Judenwesen, die Trennung des Landes nach verschiedenen Zollschranken und Tarifen für die einzelnen Provinzen, der Paßzwang u. s. w. florirten, und wie viel Geschäfte der Art wird nicht der Fortschritt in volkswirthschaftlicher Erkenntniß und bürgerlicher Freiheit, durch Aufhebung von vielen noch jetzt vorgeschriebenen Konzessionen, Dispensationen, Kontrol- und Aufsichtsrechten, noch aus der Welt schaffen!

Da sich die Vorschläge zur Reorganisation an gegebene reale Verhältnisse anknüpfen, so darf an den geeigneten Orten auch ein historischer Rückblick auf die Geschichte und Entwickelung der zur. Zeit bestehenden Behörden, auf die Verordnungen über die Gegenstände und Bestandtheile ihres Wirkungskreises und zugleich auf die bei den Veränderungen leitend gewesenen Motive und Staatsmaximen nicht unterlassen werden.

Es wird sich ergeben, daß die in den Thronreden, bei Eröffnung und beim Schluß des Landtages, ausgesprochene Königliche Willensmeinung in Betreff der Erweiterung der Selbstverwaltung und der Fortbildung der Verwaltungseinrichtungen in die verschiedensten Verwaltungsressorts vielseitiger und tiefer eingreift, als man meint. Es kann deswegen auch bei Erörterung eines einzelnen zu reformirenden Instituts nicht sofort der ganze Umkreis seiner Kompetenz abgeschlossen werden.

Indem wir vorzugsweise die Einrichtungen der älteren Provinzen, der überwiegenden Hälfte des Staates, im Auge haben, dürfen doch die Institutionen der neuen Provinzen nicht unberücksichtigt bleiben. Man soll zweckmäßige Einrichtungen der letzteren, soweit sie den Gesammtorganismus des Staates nicht stören, z. B. die Aemterverfassung in Hannover, nicht austilgen. Es handelt sich nicht um Nivellirung und büreaukratische Schablone, sondern um Gleichmäßigkeit der Prinzipien im Selfgovernment. Darum kann man auch nicht die Beseitigung aller seit 1853 erlassenen Kommunalgesetze und die Herstellung der Kommunal-, Kreis-, Bezirks- und Provinzial-Ordnungen vom 11. März 1850 verlangen. Die Rheinländer sind mit der Städte-Ordnung von 1856 zufrieden; nur ihre Landgemeinde-Ordnung bedarf einer durchgreifenden Revision, gleich wie in unseren Städte-Ordnungen das Bestätigungsrecht einzuschränken resp. zu beseitigen ist. Wir wollen aus Liebhaberei für Uniformität der Kommunalverfassungen nicht auch die mancherlei Mängel und Beschränkungen der Selbstverwaltung in den Gesetzen von 1850 mit in den Kauf nehmen. Hierüber haben wir uns bereits an andern Orten ausgesprochen.*)

I. Die Kreisverfassung.

Dieselbe ist, wie mehrseitig anerkannt, zum Theil für die Landgemeinde-Ordnungen maßgebend. In den 6 östlichen Provinzen beruht der Schwerpunkt der Selbstverwaltung auf den Kreisen. Die Selbstverwaltung, soweit sie zur Zeit besteht, hat sich meist aus der Kreisverfassung heraus entwickelt. Die Provinzialstände entstanden als Vertretungen der Provinzen in deren älterer Begrenzung erst seit 1823. Dagegen war und ist zum Theil noch jetzt in den westlichen Provinzen (wie auch in Hannover und früher in Nassau) die Aemterverfassung Mittelpunkt der Administration und in manchen Beziehungen des Kommunalwesens. Nur in Kurhessen bestand bereits die Kreiseinrichtung. In Schleswig-Holstein, auch in Nassau, ist sie unter der Dictatur eingeführt, ohne eingelebten

---

*) s. die Brochüre zur Reform der Kreis-Ordnung und ländlichen Polizeiverfassung; ingl. die Landgemeinde-Ordnung für die 6 östlichen Provinzen. Berlin 1867.

besseren Einrichtungen in den Weg zu treten, während in Hannover durch die Königliche Verordnung vom 12. September 1867, nur mittelst Zusammenlegung der im Uebrigen bestehen bleibenden Amtsbezirke und vermöge Ernennung eines ihrer Vorsteher (der Amtshauptleute) zum Kreishauptmann, Kreise und Kreiskorporationen mit eigener Vertretung und selbständigen Befugnissen, nach Analogie der Einrichtungen in den älteren Provinzen, gebildet worden sind.

Bei der Kreisverfassung kommen folgende Einrichtungen in Betracht:

1. Der Kreislandrath (oder Kreishauptmann).
2. ein neben demselben zur Theilnahme an der Verwaltung der Kreisangelegenheiten zu berufendes Organ aus Eingesessenen des Kreises (ein Kreisausschuß).
3. Die Kreisvertretung, theils mit legislativen, theils mit administrativen Befugnissen.

(Zu 1.) Wir sind nicht gemeint, „die Regierungen zum Fenster hinauszuwerfen," ebenso wenig, deren sämmtliche Geschäfte den Kreislandräthen zu übertragen. Das hieße kopfüber in das französische Präfectenwesen hineinrennen. Jedoch ist die Stellung des Landraths mit ihren umfassenden Funktionen als Staatsbeamten und wo möglich zugleich als Vorstehers und Beamten der Kreiskommune zu erhalten und weiter auszubauen. Dazu bedarf es aber folgender Präliminarbedingungen: 1) Aufhebung des §. 87 No. 2 des Disciplinargesetzes vom 21. Juli 1852, wonach auch Landräthe durch Königl. Verordnung einstweilig in Ruhestand versetzt, mithin ihres Amtes enthoben werden dürfen. Durch diese Bestimmung wurden die Landräthe von dem jedesmaligen politischen System des Ministeriums abhängig, zu politischen Beamten im eminenten (französischen) Sinne gestempelt. Es ist fast unvermeidlich, daß sie dem Mißtrauen ihrer Kreiseingesessenen von einer dem jeweiligen Ministerium entgegengesetzten politischen Partei verfallen. Mögen die Beschwerden gegen einzelne Landräthe wegen widergesetzlicher Bedrückungen oppositioneller Wähler und Wahlmänner, wegen Maßregelungen gegen letztere oder mindestens einer weniger gleichmäßigen und wohlwollenden Behandlung derselben wahr sein oder nicht, — der Landrath soll bei seiner Machtstellung, vermöge seines vielseitigen Einflusses in Militär-, Steuer- und Kommunalsachen, der Mann des Vertrauens im Kreise sein und eine unbedingt neutrale, parteilose Stellung seinen Kreiseingesessenen gegenüber bewahren. Im Interesse der Staatsregierung selbst liegt es bezüglich der an der Spitze der Verwaltungen stehenden Beamten dem Grundsatz des größten römischen Staatsmannes zu huldigen: „daß die Seinen selbst vom Verdachte frei sein sollen."

Man hat bei dieser Präliminarbedingung mit dem, selbst von Mitgliedern der altliberalen und konstitutionellen Partei getheilten Vorurtheil zu kämpfen, „daß die Abhängigkeit der Beamten von den Ministern eine nothwendige Folge des konstitutionellen Systems und der damit verbundenen Verantwortlichkeit der obersten Chefs der Verwaltung sei." Indeß ist diese, auch historisch durchaus undeutsche Vorstellung erst im Jahre 1848 mit einigen anderen Instituten des französischen Konstitutionalismus (z. B. der Stellung des Staatsanwalts) aus Frankreich importirt. Dagegen möge man sich vielmehr mit den Gedanken unserer alten Staatsrechtslehrer, „daß der Beamte sein religiöses und politisches Gewissen nicht vor der Schwelle des Amts abzuthun habe," vor Allem mit denen des Ministers Freiherrn vom Stein erfüllen, wie sie in der ersten Geschäftsinstruktion für die Regierungen vom 26. Dezember 1808 niedergelegt sind, „daß die Regierung dem diensttreuen redlichen Beamten gegenüber das Dienstverhältniß nicht zu einem Miethskontrakt, den öffentlichen Beamten nicht zu einem Miethling herabwürdigen, sondern daran denken solle, daß jeder Beamte nach Verhältniß des ihm angewiesenen Berufs zur Erhaltung und Beförderung des allgemeinen Wohls beitragen muß und darum nicht minder Mitglied der Nation selbst ist."

Wie die preußischen Wehrmänner, — Freiwillige, Gemeine und Offiziere, — darunter Männer der konservativen, wie der liberalen, der Fortschritts- und selbst Zukunfts-Partei, — auf den Schlachtfeldern Böhmens unter der glorreichen Führung unserer Generale und des Königs selbst, pflichtgetreu, tapfer und gehorsam gekämpft und gesiegt haben, so erfüllten und erfüllen auch die preußischen Beamten ihre Amtspflichten, ohne Unterschied der politischen Parteistandpunkte. Und wenn es der Herr Minister des Innern für eine Art Blödsinn erklärte, die Organe der Verwaltung aus dem ihm entgegengesetzten Lager zu nehmen (stenographische Berichte vom 14. Januar c.), so wird es erlaubt sein es wenigstens als nicht gerecht zu bezeichnen, wenn tüchtige pflichtgetreue Beamte um ihres politischen Standpunkts willen aus ihren Amtsstellungen entfernt werden. Uebrigens hätte es weit näher gelegen, die Ministerialräthe dem §. 87 des Disciplinargesetzes zu unterwerfen, da es einleuchtend für einen Minister unmöglich ist, mit Männern zu regieren und Gesetze zu machen, welche Gegner seines Systems sind.

Wenn die unter der Dictatur erlassene Verordnung, betreffend die Ausdehnung der preußischen Disciplinargesetze auf die Beamten in den neu erworbenen Landestheilen vom 23. Dezember 1867, den ohne Verfahren, durch Königliche Verordnung absetzbaren Beamten sogar Ober-Regierungsräthe und Abtheilungsdirigenten, Direktoren der höheren Lehranstalten, Vorsteher von Ober-Postdirektionen nebst einer Zahl Anderer hinzufügt, so wird man diese Bestimmung doch nur als eine vorübergehende ansehen dürfen, es wäre denn daß das System des Ministers des Innern in das französische Präfectenthum hineinlenken und das Kollegialsystem bei den Regierungen überhaupt beseitigen wollte.

2) Fordern wir als Vorbedingung für den Wirkungskreis des Landraths als Vorstehers der Kreiskommune, daß er nicht selbst als Wahlkandidat für Abgeordnetenhaus oder Reichstag in dem seinen Verwaltungs-Bezirk einschließenden Wahlkreise auftrete. Gebrauch oder Mißbrauch der vielen Machtmittel seiner Stellung scheinen dabei menschlich und liegen zu nahe. Jedenfalls wird dadurch sein Amtsverhältniß zu den politischen Gegnern getrübt. Der hervorragende volksthümliche Mann, welcher eine solche Wahl ambirt, wird auch in andern Kreisen gewählt werden. Die Wahlgesetze einiger deutschen Staaten, z. B. Badens, verbieten sogar die Wahl jedes Lokal- oder Distrikts-Beamten, selbst der Geistlichen, im eigenen Verwaltungs-Bezirk. Anderenfalls wäre die Bestimmung des Entwurfs der neuerlichst von der Regierung vorgelegten Wahlordnung für das ganze Land, wonach in der Regel jeder Kreis einen Abgeordneten wählen soll, doppelt bedenklich. Schwerlich dürfte ohne die obige Präliminarbedingung auf Annahme jenes Entwurfs im Abgeordnetenhause zu rechnen sein, wollte man auch davon absehen, daß dadurch die schon so bedeutende Zahl der preußischen Abgeordneten in unangemessener Weise noch vermehrt und in Folge dessen der kommunalen Selbstverwaltung noch mehr der tüchtigsten Kräfte periodisch entzogen werden.

3) Wäre die Wahl der Landräthe und zwar mit Uebertragung des Rechts dazu auf die ganze Kreisvertretung, nicht blos wie zur Zeit mit Beschränkung eines Vorschlages auf die Rittergutsbesitzer, wieder herzustellen, wenn auch mit Vorbehalt der Bestätigung dieser Wahl Seitens der Staatsregierung.

Nur unter den obigen Bedingungen erscheint es zulässig, daß der Landrath der Kreisversammlung präsidirt und dieselbe, sowie andere, die Kommunalangelegenheiten des Kreises besorgende Kommissionen und Deputationen leitet. Bleibt er bloßer, überdies durch Königliche Verordnung absetzbarer Staatsbeamter, so würde seine Leitung und Einwirkung auf die Kreisvertretung und deren Kommissionen die Selbstverwaltung und deren Unabhängigkeit offenbar illusorisch machen. In letzterem Falle müssen die Kreisvertretung und der Kreisausschuß befugt sein, eigene Vorsteher zu wählen und die Kreiskommunalverwaltung unter diesen eigenen Vorstehern vom landräthlichen Amte unabhängig zu stellen.

Wenn es wünschenswerth erscheint, daß der Landrath im Kreise angesessen sei, so ist doch nicht gerade der Besitz eines Rittergutes zu fordern. Diese Bedingung ist mit Rücksicht auf die sogenannten Landrathsgüter von geringem Werth, und die hin und wieder vorgekommenen Scheinkontrakte auch seit Aufhebung der Grundsteuerexemtionen und mit Abschaffung der polizeiobrigkeitlichen Gewalt der Rittergüter, damit jedes reellen Unterschiedes zwischen letzteren und anderen Grundbesitzungen ganz unmotivirt.

Von einer Seite wurde die Herstellung des alten landräthlichen Amtes, also vor 1807 und 1815, verlangt. Dabei ist übersehen, daß die Landräthe früher gleichzeitig Repräsentanten der adligen Rittergutsbesitzer waren, und allein von diesen und aus deren Mitte gewählt wurden, daß der Korporation der adligen Ritterschaft aber die von besonderen Königlichen Beamten verwalteten Städte, wie auch die Domainen nicht angehörten.

Man muß allerdings anerkennen, daß die gegenwärtige Stellung des Landraths eine unklare ist, namentlich bezüglich seiner Eigenschaft als Staatsbeamter. Am wenigsten aber ist jetzt noch von einer Duplicität, als eines gleichzeitig zur Vertretung der Interessen seines Kreises, gegenüber den Staatsbehörden, berufenen Kommunalbeamten, die Rede. Diese Vorstellung beruht auf Täuschung.

Die Verordnung wegen verbesserter Einrichtung der Provinzialbehörden vom 30. April 1815 bezeichnete bei der neuen Eintheilung des Landes in Kreise, die Landräthe ausdrücklich als Organe der Regierungen. Ohnehin war deren Eigenschaft als Kreisvertreter schon früher — jedenfalls seit 1812 — beseitigt. Der Landrath ist seit 1815 wesentlich Commissarius perpetuus der Regierung für örtliche Geschäfte und für Berichterstattung.

In dieser Beziehung bedarf denn die Stellung des Kreislandraths, auch als Staatsbeamten, einer entschiedenen Reform dahin:

„daß das Amt des Landraths zu dem eines selbständigen Staatsbeamten für den Kreis, mit eigenem festumgrenztem Berufskreise (nach Analogie des Ressorts der Amtmänner in der Hannöverschen Amtsordnung vom 16. September 1852 und der revidirten vom 10. Mai 1859) in Betreff derjenigen Angelegenheiten ausgeprägt werde, für welche keine besonderen Beamten und Behörden, mit eigenen von der allgemeinen Staatsverwaltung der Regierung abgesonderten Kompetenzen bestehen oder noch hergestellt werden."

Dabei wären aber auch, ebenso wie im vormaligen Königreich Hannover und bei Einführung von Amtshauptleuten für die örtliche Polizeiverwaltung in anderen Provinzen, deren selbständige Kompetenzen zu regeln und abzugrenzen.

Anzudeuten ist fernerhin auch an diesem Orte, daß bei Bestimmung des Wirkungskreises der Kreisverwaltung demnächst zu unterscheiden ist zwischen den Staatsverwaltungs- und zwischen den Kreis-Kommunal-Angelegenheiten. Dieser Scheidung mit Rücksicht einerseits auf eine Theilnahme und Mitwirkung Kreiseingesessener bei den Staatsangelegenheiten, andererseits auf die Selbstverwaltung der Kommunalsachen durch die Kreisvertretungen und deren Organe — ist weiter unten zu erwähnen.

(Zu 2.) Soll der Landrath zugleich Vorsteher und Beamte der Kreiskommune sein und bleiben und soll seine Stellung mit einer erweiterten Selbstverwaltung der Kreis-Kommunalangelegenheiten vereinbar sein, so muß ihm ein von der Kreisvertretung aus den Kreiseingesessenen gewählter Verwaltungsrath, ein Kreisausschuß, mit vollem Stimmrecht seiner Mitglieder, zur Seite stehen. Dessen Leitung und Präsidium steht dann dem Landrath zu.

Zur Verwaltung einzelner Kreisinstitute und Kreis-Kommunalangelegenheiten, sowie zur Mitwirkung bei den die Verhältnisse und Interessen des Kreises betreffenden Gegenständen der Staatsverwaltung sind außerdem, je nach dem Bedürfniß und Beschluß der Kreisvertretung, durch deren Wahl, einzelne ständige oder vorübergehende Kommissionen und Deputationen zu bestellen.

Versuchen wir es wenigstens in den Hauptsachen, die Angelegenheiten zu bezeichnen, welche der Selbstverwaltung der Kreisausschüsse resp. von Deputationen, unter Vorsitz des Landraths, anheimfallen. Es wären das folgende: 1. die kommunalen Angelegenheiten der Landgemeinden und der dem Kreisverbande angehörigen städtischen Kommunen, darunter 2. das Armen- und Wegebauwesen, 3. die Ansiedelungen, ingleichen die Festsetzung der Abgabenvertheilungspläne (unter Zuziehung der Katasterbeamten des Kreises),*) 4. die Verwaltung von Kreisstiftungen und Fonds verschiedener Art, soweit dafür keine speziellen Vereine (wie z. B. die Zweigvereine der Victoria-National-Invaliden-Stiftung) oder eigene Administrationen eingesetzt sind, 5. die Landeskultur- und landwirthschaftlichen Meliorationssachen, insoweit diese nicht zum besonderen Ressort eigener Behörden, namentlich der General-Kommissionen gehören, 6. die Kreisstatistik, 7. Kreisbausachen und Feuerpolizei, 8. Gewerbepolizei,

---

*) ad 3 ist nur zu bemerken, daß das Ges. v. 3. Januar 1845, noch mehr das dazu erlassene spätere Ges. v. 24. März 1853 (wie in Lette und von Rönne „die Landes-Kulturgesetzgebung des preuß. Staats Bd. II. Abth. 1. S. 153 ff. nachgewiesen), seit der Grundsteuerregulirung und beim Erlaß einer Landgemeinde-Ordnung entbehrlich und bedeutungslos werden wird.

insoweit sie bei der Gewerbefreiheit noch eintritt, 9. Gesundheitspolizei, unter näher zu bestimmender Mitwirkung von Medizinalpersonen des Kreises, 10. die Anordnungen in Betreff der Sicherheits- und Sittenpolizei im Kreise, 11. die äußeren Verhältnisse der Gemeindeschulen, unter Mitwirkung von hierzu designirten Schulmännern des Kreises (z. B. auch Schulbauten), 12. in gewissen Beziehungen auch die äußeren Verhältnisse selbst der Kirchenverbände oder Gemeinden — bezüglich der evangelischen Kirche unter Mitwirkung des nach den Verordnungen von 1861 ff. über die Einrichtung von Kreissynoden bestellten Kreis-Synodalvorstandes (z. B. Interimistica bei kirchlichen Bauten, Einrichtung und Veränderung von Begräbnißplätzen, desgleichen von Kirchengemeinden und Parochien).

Der Kreisverwaltung werde bei allen diesen Angelegenheiten die Aufsicht und Leitung, wie die Entscheidung bei Differenzen und Beschwerden überwiesen, insoweit dies, den zunächst zur Ordnung ihrer Angelegenheiten berufenen Gemeinden, Korporationen und Spezialverwaltungen gegenüber, von den Betheiligten beantragt und nöthig ist, bez. diese Angelegenheiten über die Grenzen des Wirkungskreises einzelner Gemeinden, resp. Korporationen hinausgehen.

Die Beschlußfassung über die wichtigeren Kreis-Kommunalangelegenheiten, z. B. die Errichtung von Kreis-Chausseen, von Kreis-Armenhäusern, die Besteuerung der Eingesessenen des Kreises u. s. w., gehört dagegen vor die Kreisversammlung. Die Ausführung der Beschlüsse dieser Versammlung gebührt dem Kreisausschuß oder besondern Kommissionen; — insbesondere steht die Exekution innerhalb und nach Maßgabe der Gesetze dem Landrathe zu.

Die den Kreis betreffenden Staatsverwaltungssachen, für die keine eigenen abgesonderten Behörden bestehen, wären dem Landrath als selbständigem Staatsbeamten zu übertragen. Doch hat auch bei einer Mehrzahl von Sachen dieser Art, wie es zum Theil schon bisher der Fall ist, eine Mitwirkung von Organen der Kreisvertretung einzutreten. Wir erwähnen in dieser Beziehung nur der Militärsachen (des Geschäfts der Aushebung zum Dienst, wie der Anträge und Beschwerden wegen Befreiung von demselben), ingleichen der Revision der Veranlagung, wie der Begutachtung von Beschwerden gegen die Einkommen- und Klassensteuerlisten.

Zutreffend unterscheidet das österreichische Gesetz vom 5. März 1862, welches die grundsätzlichen Bestimmungen zur Regelung des Gemeindewesens in allen Kronländern vorzeichnet, zwischen dem doppelten a. einem selbständigen, b. einem übertragenen Wirkungskreise der Gemeinden. Innerhalb des ersteren gebührt denselben die Anordnung und Verfügung nach freier Selbstbestimmung, innerhalb des letzteren haben sie die Verpflichtung zur Mitwirkung für die Zwecke der öffentlichen Verwaltung nach Maßgabe der allgemeinen Staatsgesetze.

Auch dem tüchtigsten Beamten, der keine eingewurzelten autokratischen Neigungen hat, muß eine solche Mitwirkung sachkundiger Männer willkommen sein.

(Zu 3.) Beziehen wir uns wegen der Zusammensetzung der Kreisvertretung auf die oben gedachte Schrift „zur Reform der Kreisordnung und ländlichen Polizeiverfassung.“ Es bedarf kaum der Bemerkung, daß es sich bei der Eintheilung der Wähler zur Kreisvertretung nach den Klassen des großen Grundbesitzes, der Städte und der Landgemeinden, wie sie im Allgemeinen auch bei den unter der Dictatur für die neuen Landestheile erlassenen Kreisverfassungen angewendet wurde, keineswegs um Herstellung einer ständischen Gliederung und um eine Rehabilitirung der Stände im feudalen Sinne handelt. Diese Klasseneintheilung entspricht vielmehr einerseits nur den wesentlich administrativen Aufgaben der Kreisvertretung, andererseits den gesellschaftlichen und Besitz-Zuständen der östlichen Provinzen, wo das große Grundeigenthum, nicht wie in Hannover der Besitz der Ritterschaft nur 5—7 Prozent, sondern in den verschiedenen Landestheilen durchschnittlich je die Hälfte, ein Drittel oder doch ein Viertel des gesammten Grundbesitzes umfaßt und dieser Großbesitz durch landwirthschaftliche Fabriken oder durch Meliorationsarbeiten einen sehr erheblichen, von ihm abhängigen Theil der Bevölkerung beschäftigt und ernährt.

Das allgemeine und vorzugsweise das directe Wahlrecht hat und behält hingegen seine volle Bedeutung für die Volksvertretung. Die Anwendung desselben auf die Wahl von Repräsentanten der kleineren und größeren Gemeindeverbände, etwa unter Hinweisung auf die souverainen Kantonstaaten der Schweiz, könnte in der That nur von denjenigen empfohlen werden, die mit den Zuständen des Landes unbekannt sind und die eine Doctrin aufrechthalten möchten auf die Gefahr völliger Umkehr der bestehenden realen Verhältnisse von Besitz, Intelligenz, wirthschaftlicher und bürgerlicher Freiheit. Aehnliches gilt vom Dreiklassenwahlsystem der Gemeindegesetze vom 11. März 1850. Auch dies System ist mit unseren ländlichen Zuständen nicht vereinbar. Dabei müssen wir indeß die Beschränkung der passiven Wählbarkeit auf Mitglieder der einen oder andern Wählerklasse, gleichwie das an ständische Gliederungen erinnernde Recht einer Klasse zur itio in partes verwerfen. Darum soll den im Kreisverbande befindlichen Städten oder Grundbesitzern, gleichwie aber auch jedem Einzelnen, bei Verletzung von Sonderinteressen, z. B. durch einen

Beschluß über die Art und Weise der Aufbringung von Gemeinde- und Kreisabgaben, der Richtung von Kreisstraßen, wie in andern Angelegenheiten, der Rekurs an eine höhere Instanz nicht verschränkt sein.

Von dieser Rekursinstanz ist weiter unten die Rede.

Für eine lebendige Selbstverwaltung des Kreises, wie für die Mitwirkung bei den Staatsverwaltungs-Angelegenheiten ist ganz besonders auf die Bestellung von Kommissionen und Deputationen Werth zu legen. Nur dadurch wird — allenfalls in Verbindung mit bestehenden Vereinen, Manches realisirt werden, was gegenwärtig zu den frommen Wünschen gehört, so unter andern auf den Gebieten der Landeskultur und Statistik.

Für die dringend nöthige neue Wegeordnung, deren von der Regierung 1865 vorgelegten Entwurf das Abgeordnetenhaus bis zur Reform der kommunalen Verfassungen mit Recht verwarf, wird die Zeit nach oder mit der oben gedachten Reform gekommen sein.

Eine Entschädigung der Kreisvertreter für den Besuch des Kreistages durch Diäten wäre unseres Erachtens nicht angemessen. Es ist nicht gerade nöthig, daß schlecht besoldete auf den Ersatz der Reisekosten angewiesene städtische Gemeindevorsteher gewählt werden. Ein vermögensloser Mann, den das Vertrauen seiner Mitbürger zum Kreistagsabgeordneten beruft, würde die kurze Reise zur Kreisstadt allenfalls auch zu Fuß machen können. Anders verhält sich das hinsichtlich der von den Kreisvertretungen für besondere zeitraubende Geschäfte bestellten Mitglieder der Deputationen oder Kommissionen.

II. Die ländliche Polizei.

Es handelt sich hierbei hauptsächlich um die der östlichen Provinzen.

Ueber die völlige Unhaltbarkeit der unter dem Minister v. Westphalen mittelst Gesetz vom 14. April 1856 nicht blos restaurirten, sondern im Widerspruch mit den preußischen Staatsmaximen des Jahres 1808 sogar erweiterten polizeiobrigkeitlichen Gewalt der Rittergüter sind, wie es scheint, alle Parteien einverstanden. Wir lasen mit Befriedigung in der Beilage zu No. 85 der Neuen preußischen Zeitung vom 9. April 1868, daß unter den verschiedenen Formen des Ersatzes der bereits vom Ministerium Schwerin vorgeschlagenen Ausübung der ländlichen Polizei durch qualificirte Kreiseingesessene als unentgeltliches Ehrenamt (Kreishauptleute) der Vorzug zu geben sei. Wie wenig zusagend die Verwaltung der ländlichen Polizei, z. B. in der Provinz Posen durch Distrikts-Kommissarien, oder in den beiden Westprovinzen durch gering besoldete

Amtmänner und Bürgermeister — in der That doch nur durch abhängige unselbständige Subalternbeamte des Kreislandraths oder der Regierung — ist, wurde schon oft bei den vielfachen Verhandlungen über den Gegenstand anerkannt. Eine Sammtgemeinde-Verfassung aber existirt in den östlichen Provinzen nicht. Deren Octroirung durch ein Gesetz würde hier dem Widerstreben eines großen Theils der ländlichen Bevölkerung begegnen. Man überlasse deren Einführung der fortschreitenden Einsicht der Bevölkerung bei weiterer Entwickelung der Kommunalverhältnisse. Sie wird sich um so eher der Eintheilung des Kreises in Polizeibezirke anschließen. Dies zumal dann, wenn damit für verschiedene, den Einzelgemeinden und Gutsbezirken des Bezirks gemeinsame Interessen eine Vertretung derselben unter dem Vorsitz des Polizeidistriktsbeamten (des Amthauptmanns) verbunden wird.

Möchte sich hiernächst die Gesetzgebung auch dazu entschließen, beim Ausbau der Gemeindeverfassung einem aus der Amtsvertretung zu bildenden Polizeigericht die Aburtheilung der Feld- und anderen geringeren Polizeikontraventionen, allenfalls mit Vorbehalt eines Kassationsrekurses an das zuständige Kreisgericht, zu überweisen.

Zur Motivirung der oben vorgeschlagenen Reform der ländlichen Polizeiobrigkeiten ist daran zu erinnern, daß selbst die Gemeinde-Ordnung vom 11. März 1850 die Vereinigung mehrerer Einzelgemeinden mit benachbarten zu einer Sammtgemeinde lediglich der Fakultät der ersteren überließ und daß § 135 der gedachten Gemeinde-Ordnung nur bestimmte, „daß den Vorstehern der sich bildenden Sammtgemeinden die näher bezeichneten polizeilichen Funktionen von der Staatsregierung übertragen werden könnten und, wo Polizeibezirke gebildet werden müssen, für jene Geschäfte besondere Kreisamtmänner zu bestellen seien, deren Amt ein je auf 3 Jahre von der Staatsregierung aus den Eingesessenen des Polizeibezirks zu besetzendes, unentgeltlich zu verwaltendes Ehrenamt sein solle." Selbst die Landgemeinde-Ordnung für die Provinz Westfalen vom 19. März 1856 (§. 70) schreibt vor, „daß die Stelle des Amtmanns als ein Ehrenamt, mit welchem eine feste Entschädigung lediglich für Dienstunkosten verbunden ist, einem angesehenen, vorzugsweise aus den größeren Grundbesitzern auszuwählenden Eingesessenen durch eine auf Befehl des Königs von dem Minister des Innern zu vollziehende Ernennungsurkunde zu übertragen sei."

Der Uebernahme eines solchen Ehrenamtes wird sich eine Mehrzahl geeigneter Männer dann nicht entziehen, wenn das Gesetz ihnen einen selbständigen verantwortlichen Geschäftskreis und nicht blos eine subalterne, vom Landrath als vorgesetzter Instanz abhängige Stellung anweist.

Wir gestatten uns im Uebrigen auf die oben erwähnte Schrift „zur Reform der Kreis-Ordnung und ländlichen Polizei-Verfassung" Bezug zu nehmen und bemerken nur noch, daß nach unseren, sonst mit der Vorlage des Ministeriums Schwerin wesentlich übereinstimmenden Vorschlägen die Kreisvertretung zuvor über die, der Königlichen Ernennung zu empfehlenden Personen gehört werden soll.

Wenn der Herr Minister des Innern dem für die Selbstverwaltung von Kommunen, Kreisen und Provinzen allerdings unerläßlichen System der Uebernahme unbesoldeter Ehrenämter entgegensetzte, „daß dazu keine Neigung im Lande obzuwalten scheine," so liegt doch in der That die Verweisung auf die städtischen Kommunalverwaltungen nahe, in denen sich die Absicht der Städteordnung vom 19. November 1808: „der Bürgergemeinde eine thätige Einwirkung auf die Verwaltung des Gemeinwesens beizulegen und durch diese Theilnahme Gemeinsinn zu erregen und zu erhalten," erfahrungsmäßig auf das glänzendste erfüllt hat. Thatsächlich haben sich sogar in der kurzen Zeit, in welcher die Gemeinde-Ordnung vom 11. März 1850 sporadisch eingeführt war, für die in derselben bestimmten Ehrenämter genügende Kräfte angeboten. Wenn der Herr Minister ferner meinte, „daß, sofern einst das System der Ehrenämter in unserer Verwaltung im größeren Maße als jetzt Platz greifen solle, dies eine größere Reife unserer politischen Parteien voraussetze, als sie sich in den letzten Jahren gezeigt habe," so darf nur auf das durch Jahrhunderte bestehende Institut der Friedensrichter in England verwiesen werden. Ein solches Institut würde noch heute nicht existiren, wenn man dort mit dessen Einführung auf die Beruhigung der Parteien hätte warten wollen. Anderer Ansicht war sogar der Minister v. Westphalen, wie die oben erwähnte westfälische Landgemeinde-Ordnung von 1856 beweist.

Und soll man etwa die Kollegien der Städte-Ordnung oder die Gerichte, deren Mitglieder doch auch verschiedenen Parteien angehören, einstweilen und so lange suspendiren, bis keine verschiedenen Parteistandpunkte mehr existiren? Der redliche Mann erfüllt seine Amtspflicht ohne Rücksicht auf seine oder seiner Eingesessenen Politik. Ehrenämter aber sind conditio sine qua non der Selbstverwaltung.

III. Die Landgemeinde-Ordnung.

An einer solchen fehlt es in den östlichen Provinzen so gut wie ganz. Gegen deren baldigen Erlaß ist die Ansicht geltend gemacht, daß derselben die Reform der Kreisverfassung vorausgehen müsse; die Kreisvertretung resp. der vorgeschlagene Kreisausschuß habe dabei mitzuwirken. Man wird sich jedoch der Ueberzeugung nicht verschließen können, daß die Novelle vom 14. April 1856, welche sich an die betreffenden Bestimmungen des allgemeinen Landrechts anschließt, den gegenwärtigen Verhältnissen unserer Landgemeinden in keiner Weise genügt. Man halte nur die meist durchaus antiquirten Vorschriften des betreffenden Abschnitts im Landrecht mit den Ergebnissen und Wirkungen der Agrar- und Gewerbe-Gesetzgebung auf die Besitz- und Verkehrsverhältnisse unserer Landgemeinden zusammen. Möchte doch diese Vergleichung von denen angestellt werden, welchen es um die Sache ernstlich zu thun ist; möchten sie sich doch die Edikte vom 9. October 1807 und vom 14. September 1811, die Dismembrationsgesetze, die Gemeinheitstheilungs- und Ablösungs-Ordnung von 1821 u. s. w., ingleichen die Verordnungen vom 2. Januar 1849 vergegenwärtigen und sich über deren Wirkungen auf den Zustand der ländlichen Gemeinden informiren. Sie unterschätzen überdies gar sehr die moralischen und politischen Bedürfnisse, wie den Bildungszustand unserer seit einem halben Jahrhundert persönlich und dinglich frei gewordenen Bauern, deren Söhne durch das so oft gepriesene preußische Schulwesen und, Dank unserer Militärverfassung und unseren Offizieren, durch den während der Militärdienstzeit fortgesetzten Unterricht sicher weiter vorgebildet sind als die Söhne derjenigen Bevölkerungen, welche sie auf den Schlachtfeldern Böhmens besiegten. Und doch zögerte man 1862 und 1864 im österreichischen Kaiserstaate nicht, sehr freisinnige Gemeinde-Ordnungen zu erlassen. Außerdem vergleiche man mit der Novelle von 1856 die hannöversche Landgemeinde-Ordnung vom 28. April 1859, welche die Wahl der Gemeindebeamten und zwar zugleich mit gesetzlichen Bestimmungen über deren Qualifikation und Bestätigung, ferner die Mitwirkung bei der ländlichen Polizei den Gemeinden zugesteht, die Einrichtung von Sammtgemeinden behufs Uebertragung der Armenlast auf leistungsfähige Verbände, wie die Bestellung von Gemeinderäthen und Gemeindeausschüssen in größeren Gemeinden, desgleichen die Einverleibung der Dominialgüter empfiehlt und befördert, überhaupt ausführliche Vorschriften über Rechte und Pflichten der Gemeinden und ihrer Mitglieder enthält. Auch im vormaligen Herzogthum Nassau fehlt es für die Landgemeinden an einer vollständigen Gemeinde- resp. Wahl-Ordnung nicht (s. Gesetze vom 12. Dezember 1848, 23. August 1851 und 12. August 1854 nebst Wahl-Ordnung).

Dagegen knüpft die preußische Novelle von 1856 die dringendsten und wichtigsten Gemeindeeinrichtungen, die Vereinigung der selbständigen Gutsbezirke mit den Gemeinden, besonders aber auch die Bildung einer gewählten Gemeindevertretung, dieses für die ordnungsmäßige Verwaltung des Gemeindewesens größerer Kommunen nothwendigste Bedürfniß, an vielfältige erschwerende und verzögernde Kautelen. Hierzu soll nach jener Novelle zuerst die Mitwirkung der gutsherrlichen Ortsobrigkeit, ferner das Gutachten des Landraths und Kreistags, sodann das Gutachten der Regierung, außerdem das des Oberpräsidenten und zuletzt noch die Bestätigung des Ministers des Innern erforderlich sein.

Der meiner jüngsten Schrift: „die Landgemeinde-Ordnung für die sechs östlichen Provinzen" beigedruckte Entwurf einer solchen Ordnung dürfte in den meisten Stücken dem zeitigen Bedürfniß unserer Landgemeinden in den östlichen Provinzen genügen. Mit dem Erlaß eines solchen Gesetzes wäre sodann eine Revision der nassauischen, auch wohl der hannöverschen Landgemeinde-Ordnung zu verbinden, in deren einzelne reformbedürftige Bestimmungen spezieller einzugehen wir an diesem Orte unterlassen.

Die Staatsregierung kann sich unmöglich der allgemein bekannten Erfahrung verschließen, wie schwer es hält, in den Gemeinden, zumal mit zahlreichen Mitgliedern, heilsame Beschlüsse im Kampf mit der Opposition engherziger Vorurtheile und egoistischer Interessen einzelner Mitglieder zu Stande zu bringen und wie hierunter das Gemeindeleben leidet. Welche Hindernisse finden nicht gegenwärtig namentlich neue Schul- und Wegeeinrichtungen.

Es ist hohe Zeit, daß unsere Landgemeinden eine geordnete Verfassung erhalten, wie sie selbst den kleineren Städten schon vor 60 Jahren zu Theil geworden ist und daselbst den Gemeinsinn schuf, durch den in kurzer Zeit so vielfache Verbesserungen in Gemeinde- und Schuleinrichtungen hervorgerufen wurden. Unsere ländlichen Zustände grenzen jetzt nicht selten an Anarchie. Sie führen zur Alternative einerseits des Einflusses der Demagogie, andererseits der unbedingten, nicht immer heilsamen Unterwürfigkeit unter die Befehle von Unterbeamten oder Behörden. Man verhehle es sich nicht, es wurzelt sich deshalb in vielen ländlichen Gemeinden Unzufriedenheit mit den Gesetzen und Einrichtungen des Staats und tiefe Mißstimmung gegen die Staatsregierung mehr und mehr ein. Die Einführung einer zweckmäßigen Landgemeinde-Ordnung in den östlichen Provinzen ist aber um so weniger schwierig, als es in den Landestheilen zwischen Elbe und Memel, vermöge der ursprünglichen Kolonisationen, auf dem platten Lande an Korporationsvermögen fehlt, hingegen das alte Band der Wirthschaftsgemeinde durch Gemeinheitstheilungen, Servitutablösung und Dismembrationen fast überall aufgelöst ist. Auch wird sich hier die Einfügung mehrerer kleiner benachbarter, dabei gering bevölkerter Gemeinden in einen größeren Verband um so leichter bewirken lassen. Eine solche Erweiterung des Gemeindeverbandes, möglichst mit Hineinziehung der Gutsbezirke, ist aber (wie 1834 der Vorgang in der Gesetzgebung Großbritaniens zeigte) auch in den östlichen preußischen Provinzen für das ländliche Armenwesen ein dringendes Bedürfniß, sofern man nicht die humanere preußische Gesetzgebung über Armenpflege mit der französischen vertauschen will, die keine öffentliche Armenpflege kennt.

Welche Hoffnungen aber soll das Land auf eine Reform der ländlichen Polizei und auf den Erlaß einer Landgemeinde-Ordnung in den östlichen Provinzen fassen, wenn man auf die Erklärungen der Staatsregierung und ihrer Kommissarien bei Berathung der zahlreichen Petitionen in der Gemeindekommission zurücksieht.

„Die Staatsregierung sei (bemerkte einer der Kommissarien des Ministers des Innern) nicht abgeneigt, auf dem Gebiete des Gemeindelebens die Wünsche der Volksvertretung in Erwägung zu ziehen, auch bereit die Gemeindeverfassung, sobald hierzu ausreichendes Material vorliege, einer Revision zu unterwerfen und dabei diejenigen Abänderungen zu treffen, die durch ein wirkliches Bedürfniß bedingt werden sollten; — indeß seien der Staatsregierung bestimmte Angriffspunkte gegen die jetzt bestehende Gemeindeverfassung, abgesehen von der verlangten Wahl ihrer Vorstände, nicht bekannt geworden. Dagegen scheine ihr keine Veranlassung vorzuliegen, mit einer Aufhebung oder Umgestaltung der gutsherrlichen Polizei vorzugehen." — Und gerade über die Reform der 1856 wiederhergestellten obrigkeitlichen Polizeigewalt und deren Wiederabschaffung wurde auf den verschiedenen Seiten des Hauses kaum ein ernstlicher Widerspruch gehört. Wir können nicht denken, daß dieser für das Land wenig tröstliche Standpunkt auch nach den Beschlüssen des Abgeordnetenhauses und nach der Verheißung der Thronrede, im Ministerium des Innern noch festgehalten werde. —

IV. Die Provinziallandtage.

Allerdings waren in den östlichen Provinzen des Staates die Kreise und Kreisversammlungen die ältesten und wichtigsten Organe und Mittelpunkte der Selbstverwaltung. Die anderweite Eintheilung in Provinzen erfolgte erst im Jahre 1815 und es sind die Provinzialstände als repräsentative Körperschaften dieser Provinzen erst mit den Gesetzen vom 5. Juni resp. 1. Juli 1823 in's Leben getreten. Ihre ursprüngliche Bestimmung als gesetzmäßiges Organ der verschiedenen Stände der Unterthanen jeder Provinz bestand darin: „die Gesetzentwürfe, welche allein die Provinz angehen, zu berathen, ebenso Gesetzentwürfe allgemeinerer Art, welche Veränderungen in Personen und Eigenthumsrechten und in den Steuern zum Gegenstande haben, soweit sie die Provinz betreffen, ingleichen Bitten und Beschwerden, welche auf das spezielle Wohl und Interesse der ganzen Provinz oder eines Theils derselben Beziehung haben, anzunehmen und zu prüfen, endlich über die Kommunalangelegenheiten der Provinz unter Vorbehalt Königlicher Genehmigung und Aufsicht zu beschließen.

Seit Publikation der Verfassungs-Urkunde vom 31. Januar 1850 haben wir es vorzugsweise mit dieser letztgedachten Kompetenz zu thun.

Diese Kompetenz hat sich im Laufe der Zeit zweckmäßig entwickelt und erweitert, verschieden indeß in den verschiedenen Provinzen. Sie umfaßt theils das Feuer-Versicherungswesen, namentlich die Provinzial-Land-Feuersocietät, theils Straßenbau und Chausseen nebst Bezirksstraßen-Baufonds, desgleichen gemeinnützige Veranstaltungen und Einrichtungen mancherlei Art, Landarmen-Verwaltung nebst den Landarmenhäusern, Armen- und Invaliden-, ingleichen Stipendien-, Siechen- und Meliorations-Fonds, Provinzial-Taubstummen- und Irren-Anstalten, Korrektionshäuser für jugendliche Verbrecher, Anstalten für unheilbare Kranke, Hebammeninstitute und die Provinzial-Hülfs- und Spar-Kassen, außerdem die Mitwirkung und Kontrole bei den Rentenbankangelegenheiten der betreffenden Provinz, wie die Mitwirkung bei der Veranlagung der Staats-Einkommensteuer durch Wahl der Mitglieder der Bezirks-Einschätzungs-Kommissionen, ferner bei Vertheilung des durch Landlieferung aufzubringenden Militärbedarfs auf die Kreise innerhalb der Provinz.

Einzelne Angelegenheiten dieser Art gehören auch den, neben den Provinzialständen, in einzelnen Landestheilen nach deren früherer geographischen Eintheilung bestehenden Kommunalständen. Dergleichen bestehen namentlich in der Altmark, in der Kurmark und in der Neumark, ferner in der Niederlausitz und in der Oberlausitz, sodann in Hinter- und Altvorpommern, wie in Neuvorpommern und Rügen. Dazu sind in den neuerworbenen Landestheilen unter der Dictatur die Kommunallandtage im Gebiet des Regierungsbezirks Kassel laut Gesetz vom 20. September v. J. und im Regierungsbezirk Wiesbaden, mit Ausschluß des Stadtkreises von Frankfurt a. M., laut Gesetz vom 26. September hinzugetreten, wogegen für die Gebiete des vormaligen Königreichs Hannover und für die Herzogthümer Schleswig und Holstein Provinziallandtage mit ähnlichen Kompetenzen, wie in den älteren Provinzen, eingerichtet sind, — namentlich mit der Befugniß, unter Mitwirkung und Aufsicht der Staatsregierung, über die Kommunalangelegenheiten der Provinz, wie über die Verwaltung der provinzialständischen Institute und Vermögensrechte zu beschließen, auch im Interesse der Provinz Ausgaben und Leistungen zu übernehmen und über die Art und Weise der Aufbringung derselben Beschluß zu fassen.

In Folge des der Provinz Hannover bewilligten Provinzialfonds und der von ihr dagegen übernommenen, im Gesetz speziell angegebenen Gegenleistungen ist nunmehr auch allen anderen Provinzen eine Erweiterung ihrer Selbstverwaltung in Aussicht gestellt. Indeß empfehlen wir bei einer Reorganisation des provinzialständischen Wirkungskreises keinenfalls eine überall gleichmäßige Einrichtung bezüglich der verschiedenen Gegenstände des provinzialständischen Kompetenzverhältnisses, auch am wenigsten schon jetzt eine Abänderung der erst neuerdings unter der Dictatur getroffenen provinzial- und kommunalständischen Organisationen in den neuen Landestheilen, da die Bevölkerungen und deren Vertreter sich hiermit befriedigt erklären, so sehr auch die durch Einführung der itio in partes festgehaltene ständische Gliederung den zeitigen Verhältnissen widerspricht.

Gegner jeder schablonenmäßigen Nivellirung, begnügen wir uns mit der wesentlichen Uebereinstimmung in den Grundlagen der Selbstverwaltung. Die Provinziallandtage der neuen Provinzen sind zwar auch nach Ständen oder Klassen theils des großen Grundbesitzes, einschließlich einiger zu Virilstimmen berechtigter Mitglieder, theils der Städte und theils der Landgemeinden, indeß dergestalt zusammengesetzt, daß jede Klasse gleich viel Vertreter zählt, während auf den Kommunallandtagen der neuen Provinzen die Zahl der Abgeordneten einerseits der Städte, andererseits der Landgemeinden für sich die Zahl der Vertreter des großen Grundbesitzes, einschließlich der Virilstimmen, überwiegt. Das Gegentheil ist bekanntlich nach den Verfassungen der Provinzial- und Kommunallandtage in den älteren Provinzen (mit Ausnahme von Rheinland und Westfalen) der Fall und deshalb schon insoweit ein Reformbedürfniß anzuerkennen.

Sehen wir von den neuen Landestheilen ab und beschränken wir uns auf die älteren Provinzen, so liegt bei der mehr erwähnten Reform und Zusammensetzung dieser Provinziallandtage, zumal seit Aufhebung der Grundsteuerexemtionen, unseres Erachtens durchaus kein Motiv vor, an der ständischen oder klassenweisen Gliederung oder selbst an der Klasseneintheilung, wie sie bei den Kreisständen vorgeschlagen wurde, ebenso wenig an einer unmittelbaren Wahl der Vertreter fernerhin festzuhalten. Es empfiehlt sich vielmehr bei der Wahl der Provinzialvertretung auf die Bestimmungen im dritten Titel der Kreis-, Bezirks- und Provinzial-Ordnung vom 11. März 1850 zurückzugehen, demgemäß die Abgeordneten zur Provinzialversammlung in den älteren Provinzen durch die Kreisversammlungen wählen zu lassen, ohne dabei zwischen den Wahlverbänden des großen Grundbesitzes, der Städte und der Landgemeinden zu unterscheiden. Denn es kommt bei den Geschäften der Provinzialvertretung wesentlich auf die tüchtige Kraft und Befähigung für eine gute Verwaltung an. Mögen im Uebrigen dabei die Virilstimmen, besonders der vormals Reichsunmittelbaren, bestehen bleiben, um auch in dieser Beziehung die gegebenen Verfassungszustände zu beachten.

Nur so lange, als keine allgemeine Volksvertretung existirte, schien es motivirt, bei der Wahl der Vertreter zu den Provinziallandtagen und namentlich der Bürger und Bauern, auf Urwähler und Wahlmänner zurückzugehen, wie dies nach den Provinzial-Ordnungen von 1823 angeordnet ist.

Hingegen ist selbst schon in verschiedenen neuen Provinzen für die Mitglieder der Provinzial- und Kommunallandtage eine mittelbare Wahl durch die bezeichneten ständischen Korporationen angeordnet. So in Hannover zufolge Verordnung vom 22. August 1867 (§§. 5. 6. 7.), in Schleswig-Holstein zufolge Verordnung vom 22. September ej. a. (§§. 7. 8.), wo die zeitigen Vertreter der Landgemeinden im Kreistage ihren Provinziallandtagsabgeordneten erwählen, ferner im Regierungsbezirk Wiesbaden zufolge Verordnung vom 26. September ej. a. (§. 5.), wo die kommunalständischen Abgeordneten der Kreise von den betreffenden Mitgliedern der Kreisversammlung gewählt werden.

Nachdem durch die Königliche Thronrede am Schlusse des Landtags verkündet worden,

„daß durch die Bewilligung des Provinzialfonds für Hannover zugleich thatsächlich der Boden betreten sei, auf welchem nach der Absicht der Staatsregierung auch für alle andere Provinzen eine erfolgreiche Selbstverwaltung erwachsen solle,"

handelt es sich einerseits um die den übrigen Provinzen zu überweisenden Fonds, andererseits um die dagegen zu übernehmenden, von dem Ressort der Staatsverwaltung auszuscheidenden Geschäfte und Gegenleistungen.

Professor Rudolph Gneist definirt das Wesen des Selfgovernments (in England) dahin: „es heiße die Verwaltung der Kreise und Ortsgemeinden nach den Gesetzen des Landes durch Ehrenämter der höheren und Mittelstände, mittelst Kommunal-Grundsteuern."

Wenn die Staatsbesteuerung in Preußen zu einer solchen Höhe erwachsen ist, daß das Land für eine erfolgreiche und umfassende Selbstverwaltung keine erheblichen Ausgaben mehr würde ertragen können, so ist die verheißene Abzweigung angemessener Fonds vom Staatsbudget unerläßlich.

Auch bei uns bietet sich hierzu am zweckmäßigsten die Grund- und eventuell die Gebäudesteuer an, sei es ganz oder theilweise je nach dem Maße der Gegenleistungen, welche die Provinzen zum Zweck einer erweiterten Selbstverwaltung übernehmen. Sie wäre demnächst zur eigenen Einziehung und Verwaltung, dabei zur fortschreitenden periodischen Revision und gleichmäßigen Vertheilung den Provinziallandtagen zu überweisen. Die Kontingentirung der Grundsteuer giebt derselben schon an sich mehr den Charakter einer Kommunal- als einer Staatssteuer. Selbstverständlich haben die Provinzen dagegen entsprechende Verbindlichkeiten zu übernehmen, wenn auch — wie schon oben erwähnt ist — nicht durchaus und unbedingt überall dieselben. Allgemein nur könnte man beispielsweise dahin rechnen: die Besoldung der Kreis- und Provinzialbeamten, wie der Gensdarmerie, Straßenbau-, Armenwesen, Wohlfahrtspolizei u. s. w. An die Stelle der Rente von 500,000 Thaler für die Provinz Hannover hätte dann auch dort als Aequivalent die theilweise Ueberweisung jener Steuern zu treten. Diese Fonds würden jedoch insbesondere in den älteren Provinzen zu einem entsprechenden Theile den Kreisen mit zu überlassen sein, denen hier ein bedeutenderer Antheil der größeren Kommunallasten oblag und deren Selbstverwaltung der Erhaltung und Beförderung bedarf und werth ist.

Es entsteht die Frage: ob den Provinziallandtagen, außer der Kommunalverwaltung der größeren die Provinz betreffenden Institute und Angelegenheiten, auch die Befugniß zur Rekursentscheidung auf Beschwerden in Sachen der Lokal- und Kreisgemeinden, mit Ausschluß der Staatsbehörden, übertragen werden soll?

Die österreichischen Gemeindegesetze, sowohl das schon oben gedachte allgemeinere vom 5. März 1862, als das Gesetz über die Bezirksvertretung für das Königreich Böhmen vom 25. Juli 1864 — unterscheiden einerseits zwischen dem selbständigen d. h. demjenigen Wirkungskreise der Gemeinden, in welchem dieselben mit Beobachtung der bestehenden Reichs- und Landesgesetze, übrigens nach freier Selbstbestimmung anzuordnen und zu verfügen haben, und andererseits zwischen dem übertragenen Wirkungskreise der Gemeinden, innerhalb dessen sie zur Mitwirkung bei der öffentlichen (Staats-) Verwaltung verpflichtet sind, wobei sie dann die Rekursentscheidungen über Beschwerden aus dem selbständigen Wirkungskreise, mit Ausschluß der Staatsbehörden, lediglich den bestehenden oder noch einzurichtenden höheren (Bezirks-, Gau- oder Kreis-) Vertretungen überweisen und bezüglich dieses selbständigen Wirkungskreises der Staatsregierung ein Aufsichtsrecht nur insoweit auszuüben gestatten, daß die Gemeinden ihren Wirkungskreis nicht überschreiten und nicht gegen die bestehenden Gesetze vorgehen.

Es ist unseres Erachtens dagegen angemessener, nach der Analogie des Gesetzes im Großherzogthum Baden, betreffend die Organisation der inneren Verwaltung vom 5. October 1863, die Entscheidung über nicht zum Rechtswege gehörige Beschwerden, Streitigkeiten und Interessen-Kollisionen innerhalb der verschiedenen Lokal-, Amts- oder Kreis- Gemeindeverbände, in Preußen also namentlich gegen desfallsige Beschlüsse oder Entscheidungen resp. der Kreisversammlungen, Kreisausschüsse oder der städtischen Behörden in den keinem Kreise einverleibten Städten, einem Verwaltungsgerichtshofe zu überweisen, von dessen Zuständigkeit und Einrichtung, sowie von der bei diesen Rekursentscheidungen, wie bei andern öffentlichen (den Staatsverwaltungs-) Angelegenheiten den Provinziallandtagen beizulegenden Mitwirkung, weiter die Rede sein wird.

V. Die Bezirksregierungen und die Provinzialbehörden (Konsistorien, Schulkollegien und Ober-Präsidenten).

Den Vorschlägen wegen Reorganisation dieser Behörden muß ein Abriß der Geschichte und Gesetzgebung in Betreff der Regierungen und der Veränderungen ihrer Kompetenzen vorausgeschickt werden.

Es sind dabei zunächst folgende Verordnungen zu berücksichtigen: das Publikandum vom 16. Dezember 1808 wegen veränderter Verfassung der obersten Verwaltungsbehörden der preußischen Monarchie in Beziehung auf die innere Landes- und Finanzverwaltung, die im Anschluß daran ergangenen Verordnungen wegen Einrichtung der Regierungen und Ausscheidung der Justizsachen von den früheren Kriegs- und Domainenkammern vom 26. Dezember 1808, desgleichen die Geschäfts-Instruktion für die Regierungen sämmtlicher Provinzen de eod.

Mit den Ressortveränderungen der Regierungen hängt die im Laufe der Zeit erfolgte Errichtung besonderer Provinzial-Verwaltungsbehörden sowohl für die kirchlichen Angelegenheiten, als für das Schulwesen, auch für das Medizinalwesen, wie der Wirkungskreis der Oberpräsidenten zusammen.

Die ergangenen, jenes Ressort abändernden Bestimmungen finden sich in der Verordnung vom 30. April 1815 wegen verbesserter Einrichtung der Provinzialbehörden, ferner in den vier besonderen Instruktionen vom 23. Oktober 1817 für die Oberpräsidenten, die Provinzial-Konsistorien, die Provinzial-Medizinal-Kollegien und für die Regierungen, hiernächst in der Instruktion für die Oberpräsidenten vom 31. Dezember 1825 und in der allerhöchsten Kabinets-Ordre de eodem wegen Abänderung in der bisherigen Organisation der Provinzial-Verwaltungsbehörden, endlich in der Verordnung vom 27. Juni 1845 betreffend die Ressortverhältnisse der Provinzialbehörden für das evangelische Kirchenwesen. Dazu sind noch die Verordnung vom 28. Januar 1848 wegen Einrichtung eines evangelischen Ober-Konsistoriums und nach dessen alsbaldiger Wiederauflösung die Allerhöchste Kabinets-Ordre nebst Ressort-Reglement vom 29. Juni 1850 über die Einsetzung des Ober-Kirchenraths, ingleichen die seit 1861 ergangenen Erlasse über die Einrichtung von Kreissynoden in den verschiedenen Provinzen, auch mehrfache Verordnungen über die in den neuen Provinzen einzurichtenden Provinzialbehörden aus der Zeit der Dictatur, zu berücksichtigen.

Indeß können hier aus allen diesen Verordnungen nur diejenigen Kompetenz- und Ressortverhältnisse erwähnt werden, welche für die Reorganisation beachtenswerth sind und von derselben betroffen werden. Dabei darf man die Motive und die Richtung der Abänderungen nicht übersehen.

Zufolge der Verordnungen vom 26. Dezember 1808, welche für den damals beschränkten Umfang der Monarchie die verschiedenen öffentlichen Geschäfte und die ihrer Bearbeitung gewidmeten Kräfte zusammenzufassen bestimmt sein mußten, ressortirten von den Regierungen, als Provinzial-, Polizei- und Finanzbehörden, die Landeshoheits-, Landespolizei-, Domainen-, Accise- und Zoll-, wie alle Finanz-, desgleichen die geistlichen und Schul-, die Militär-, Landeskultur-, Meliorations-, auch Bergwerks-, Medizinal- und Armen-, ferner die Gewerbe- und Juden-Sachen, besonders die polizeilichen Aufsichts-Befugnisse über die Verwaltung der gesammten Kommunal-, Societäts- und Korporations-Angelegenheiten, diese letzteren jedoch bereits mit dem Vorbehalt,

„daß diese Angelegenheiten für die Folge den einzelnen Kommunen, Societäten, Korporationen und Stiftungen überlassen werden sollen."

Wenn man sich die damalige Zunftverfassung, die bürgerlichen und persönlichen Beschränkungen der Juden nebst den zulässigen Dispensationen, das die verschiedenen Provinzen scheidende Zoll- und Accisewesen u. s. w. u. s. w. vergegenwärtigt, so mag man die damalige Masse zahlloser minutiöser Geschäfte ermessen, von welcher späterhin, nach Herstellung der persönlichen, wirthschaftlichen und gesellschaftlichen Freiheit, ein guter Theil wegfiel.

Ueberhaupt leuchtet ein, daß je mehr die mittleren und höchsten Verwaltungsbehörden, wie die Fortschritte der Gesetzgebung den preußischen

Staats- und Verwaltungsmaximen der so ruhmwürdigen, für den Wohlstand des Landes so fruchtbaren Gesetzgebung vom Jahre 1808 ff. huldigen, je mehr sich zum Segen der Nation die Regierungsgeschäfte vereinfachen und vermindern, auch die Zahl der Beamten verringert werden kann.

Die Verwandlung in freies unwiderrufliches Privateigenthum der Domainenbauern, der Vorbehalt der Gerichtsbarkeit und Polizei für den Staat bei der Veräußerung der Domainen, die Befreiung des Grund und Bodens, wie der bäuerlichen Höfe von Naturalpräſtationen und Servituten, die Wegräumung aller Hindernisse in der Entwickelung der physischen und geistigen Kräfte der Nation und der Individuen, die Belebung und Verbesserung des Unterrichtswesens, die Beförderung der Religiösität und Moral in Verbindung mit Duldung und voller Gewissens- und Religionsfreiheit, die möglichste Annäherung unter den verschiedenen Glaubensverwandten, Belebung des Gemein- und Bürgersinns — das aber waren die großen leitenden Prinzipien der Jahre 1808 ff., welche die Staatsverwaltung auf allen Gebieten durchdringen und beherrschen sollten. Insbesondere sollte eine Aufsicht über Religions-Parteien nur soweit geübt werden, „als es der Staatszweck erfordert und die Gewissensfreiheit gestattet."

Damals bildeten die Regierungen den Mittelpunkt aller Staats-, Verwaltungs-, Finanz- und Vermögens-Angelegenheiten. Dennoch wurde als leitender Grundsatz für die Verwaltungs-Einrichtungen bereits hervorgehoben: „daß der Geschäftsbetrieb in bestimmte, fest abgegrenzte Departements zu vertheilen sei."

Neben dem Plenum wurden deshalb bei den Regierungen besondere Polizei-, geistliche und Schul-, Accise- und Zoll- wie Militärdeputationen eingerichtet.

Weiterhin aber stellte die spätere Verordnung vom 30. April 1815 als Prinzip an die Spitze, „daß jedem Hauptadministrationszweige durch eine richtig abgegrenzte kraftvollere Stellung der Behörden eine größere Thätigkeit zu geben sei."

Diesem Prinzip gemäß löste die Verordnung von 1815 zuerst die Wahrnehmung der Konsistorialbefugnisse vom Ressort der Regierungen ab, indem für die Kirchen- und Schulsachen im Hauptort jeder Provinz Consistorien unter dem Präsidium der Oberpräsidenten errichtet und diesen Behörden, außer den Konsistorialrechten über Evangelische und dem landesherrlichen Rechte circa sacra hinsichtlich der Römisch-Katholischen, alle Unterrichts- und Bildungsanstalten, mit Ausnahme der dem Minister des Innern untergeordneten Universitäten, überwiesen wurden, — wobei aber doch noch in jedem Regierungsbezirk, in welchem kein Konsistorium ist, eine besondere Kirchen- und Schul-Kommission von Geistlichen und Schulmännern bestehen sollte, welche unter Leitung und nach Anweisung des Konsistoriums diejenigen Geschäfte desselben zu besorgen hatte, die einer näheren persönlichen Einwirkung bedürfen. Und ebenso wurde für die Medizinal-Polizei im Hauptort jeder Provinz ein Provinzial-Medizinal-Kollegium unter Leitung des Oberpräsidenten, dabei indeß ebenfalls wiederum in jedem Regierungsbezirk, in welchem kein Medizinal-Kollegium ist, Behufs näherer persönlicher Einwirkung, eine besondere Sanitäts-Kommission von Aerzten, Chirurgen und Apothekern bestellt.

Dagegen aber wurden die bisherigen fünf Deputationen der Regierungen, gleich den seit 1808 eingeführten Landes-Oekonomie-Kollegien, aufgehoben und die Regierungsgeschäfte der innern Verwaltung in zwei Hauptabtheilungen unter je besonderen Direktoren bearbeitet. Andererseits wurde das Ressort der Oberpräsidenten auf alle ständischen Angelegenheiten, auf die öffentlichen Institute mehrerer Regierungsbezirke, auf Anordnung allgemeiner Sicherheits-Maßregeln in dringenden Fällen u. s. w. ausgedehnt. Und noch in größerem Maße erweiterte die Instruktion vom 23. Oktober 1817 den Wirkungskreis der Oberpräsidenten, indem ihnen die obere Leitung, Aufsicht und Kontrole über alle solche Verwaltungsgegenstände übertragen wurde, welche aus einem mehr erweiterten Standpunkt als dem eines Regierungs-Departements aufgefaßt werden müßten, — so für Anlegung von Chausseen, Kanälen, für größere Gewerbs- und Kommunikations-Anstalten, für bedeutende Landesmeliorationen. Die Verordnung von 1817 verpflichtete die Oberpräsidenten überdies zu periodischen Bereisungen der Provinz und zu einer mehr auf eigene Anschauung und örtliche Untersuchung gegründeten Thätigkeit. Ferner sollten sie unter Anderem auch in allen Kommunalangelegenheiten, mit Ausschluß der Besetzung der Oberbürgermeisterstellen in großen Städten wie der Frage: ob durch die von den Gemeinden beabsichtigte Aufbringungsweise der Gemeindebedürfnisse dem Steuerinteresse des Staats Nachtheil geschehe, Namens der Ministerien entscheiden.

Die Dienstinstruktion sodann für die Provinzial-Konsistorien von 1817 bezeichnete die in rein geistlicher und wissenschaftlicher Hinsicht diesen Behörden obliegende allgemeine Leitung des evangelischen Kirchenwesens und der Schulangelegenheiten der Provinz genauer, als es früher geschehen, und dehnte ihre Kompetenz überdies auf alle Gelehrtenschulen der Provinz, vorbehaltlich allein der unmittelbar vom Kultus-Ministerium ressortirenden Universitäten und Akademien, aus.

Noch aber blieben den **Regierungen**, unter oberer Leitung des Konsistoriums in wissenschaftlicher Hinsicht, und zwar als integrirender Theil der einen (der ersten) Regierungs-Abtheilung und als **Kirchen- und Schul-Kommission**, sämmtliche Elementar- und Bürgerschulen, sowie die Privat-, Erziehungs- und Unterrichtsanstalten. Zu einer durchgreifenderen Sonderung der Ressorts hatten sich die Verordnungen von 1817 noch nicht entschließen können. Denn nach §. 18 der Instruktion sind jener Kirchen- und Schul-Kommission bei den Regierungen spezielle Gegenstände vorbehalten und zugewiesen, welche über blos äußere polizeiliche Anordnungen hinausgreifen und zum Theil mit der Kompetenz der Konsistorien zusammenfallen. Dahin gehören unter Anderen: die Besetzung der dem landesherrlichen Patronatrecht unterworfenen geistlichen und Schullehrerstellen, die Bestätigung der von Privatpersonen und Gemeinden dazu gewählten Subjekte, die Aufsicht über deren Amts- und moralische Führung, die Aufrechthaltung der Kirchenzucht und Ordnung, die Direktion und Aufsicht über sämmtliche Kirchen, die Regulirung des Stolwesens und Schulgeldes, die gesammte Verwaltung des Kirchen-, Schul- und Stiftungs-Vermögens, soweit es nicht anderen Korporationen oder Personen gebührt, wie die Abnahme der Kirchen-, Schul- und Instituts-Rechnungen, die Einrichtung von Schulsocietäten wie von Parochien.

Wiederum erlitt jedoch die im Jahre 1817 geschaffene Organisation durch die **Verordnungen vom 31. Dezember 1825**, gemäß dem Prinzip einer zweckmäßigeren Trennung der Verwaltungs-Ressorts, erhebliche Abänderungen.

Seit 1817 waren überdies für die Ausführung der Agrargesetze, — der Regulirungen der gutsherrlich-bäuerlichen Verhältnisse, wie der 1821 erlassenen Gemeinheitstheilungs- und Ablösungs-Ordnung, — **besondere General-Kommissionen**, desgleichen für die indirekten Abgaben in einigen Landestheilen besondere **Provinzial-Steuerdirektionen** eingerichtet.

Nach den Verordnungen von 1825 aber sollten nunmehr die Konsistorien in **zwei Abtheilungen** getheilt werden, von denen die eine unter dem Namen: „**Provinzial-Schul-Kollegium**" die Unterrichts-Angelegenheiten überwiesen erhielt; darunter den Vorschlag der Direktoren von Schulen, die Aufsicht und Leitung der Schullehrer-Seminarien und gelehrten Schulen, die gesammte Vermögensverwaltung und das Rechnungs- und Kassenwesen der Gymnasien, gelehrten Schulen und Seminarien, sowie die mit vorgenannten Instituten in Verbindung stehenden Erziehungs- und Unterrichts-Anstalten, ingleichen die Verwaltung der bei diesen Instituten befindlichen Stipendienfonds und des Königlichen Kollaturrechts.

Sodann ist daselbst auch in Betreff des Kompetenzkreises der Konsistorien bestimmt, „daß die Regierungen theils dessen Gutachten, theils dessen Genehmigung bei wichtigeren Angelegenheiten, so bei Erledigung von Superintendenturen, Einführung neuer Stolgebühren-Taxen, Zusammenziehung oder Vertheilung von Parochien einzuholen hätten."

Wiederum wurden aber auch bezüglich der Geschäftsorganisation der Regierungen statt zweier Abtheilungen deren mehrere und wenigstens drei bei den größeren Kollegien eingeführt; — eine Abtheilung für das Innere, eine für Kirchenverwaltung und Schulwesen, eine für Verwaltung der direkten Steuern, Domainen und Forsten und außerdem wo keine Provinzial-Steuer-Direktionen bestehen, eine vierte für die indirekten Steuern.

Dagegen sind, im Widerspruch mit dem Prinzip verschiedener abgesonderter Verwaltungs-Ressorts, später (1834) mit den Regierungen in der Provinz Preußen die General-Kommissionen, theils als besondere landwirthschaftliche Abtheilungen, theils als integrirende Theile der Abtheilung des Innern vereinigt. Man war mit dem Geschäftsbetrieb und den Personen nicht zufrieden, meinte auch wohl, durch die Vereinigung die Interessen der Domainen- und Forst-Verwaltung bei den Regulirungen und Ablösungen zu fördern. Die gleiche Vereinigung, aber als besondere und größere landwirthschaftliche Abtheilung, erfolgte auch noch später, im Jahre 1840, im Frankfurter Regierungs-Bezirk. Seitdem hat die Staatsregierung von einem solchen, am wenigsten zweckmäßigen System einer Vereinigung der General-Kommissionen mit den Regierungen jedoch wieder Abstand genommen.

Die Organisation vom 31. Dezember 1825 griff indeß zugleich in die langjährige Kollegialverfassung der Regierungen ein. Sie gestattet dem Ober-Regierungsrath als Vorsitzendem der Abtheilung, gegen einen Beschluß der Majorität derselben, die Suspension dieses Beschlusses durch Provokation auf den Präsidenten und überläßt es dem Ermessen des letzteren, nach der Ansicht des Abtheilungs-Dirigenten oder nach der Stimmenmehrheit der Abtheilungsmitglieder zu verfahren, sofern er die Sache nicht zur Entscheidung an das Plenum verweisen will.

Endlich grenzte abermals die unterm 27. Juni 1845 ergangene Verordnung gewisse Hauptzweige der Verwaltung noch schärfer ab. Vom Ressort der Regierungen löste sie bedeutende, bis dahin zu deren Geschäftskreis noch gehörige Angelegenheiten der evangelischen Kirche los und übertrug sie auf die Konsistorien, so daß den Regierungen nur verblieben: 1) die Regulirung des Interimistikums in streitigen Kirchen-, Pfarr- und Küster-Bausachen, 2) die Aufsicht über die Kirchenbücher,

3) die Sorge für die Anlegung und Unterhaltung der Kirchhöfe, 4) die Anordnung und Vollstreckung der zur Aufrechthaltung der äußeren kirchlichen Ordnung erforderlichen polizeilichen Vorschriften, 5) die Aufsicht über das Vermögen der dem landesherrlichen Patronat nicht unterworfenen Kirchen, kirchlichen Stiftungen und Institute, sowie die Ausübung der landesherrlichen Aufsichts- und Verwaltungsrechte in Ansehung des Vermögens der dem landesherrlichen Patronat unterworfenen Kirchen &c., 6) die Ernennung oder Bestätigung der für die Verwaltung des kirchlichen Vermögens anzustellenden weltlichen Kirchenbedienten, sowie die Aufsicht über deren amtliche und sittliche Führung und die damit verfassungsmäßig verbundenen Disciplinarbefugnisse. Hingegen sollten zum gemeinschaftlichen Geschäftskreise der Konsistorien und der Regierungen auch fortan noch die Veränderung bestehender, sowie die Einführung neuer Stolgebühren-Taxen und die Veränderung bestehender, sowie die Bildung neuer Pfarrbezirke gehören.

Der vorstehende Abriß der Geschichte und des Wechsels der Kompetenzverhältnisse von Regierungen und aus ihrem Wirkungskreise herausgewachsenen, mehr und mehr gesonderten und schärfer abgegrenzten Provinzialbehörden bestätigt, gemäß den bisherigen und von der Staatsverwaltung selbst anerkannten Erfahrungen, wie es durchaus zweckmäßig ist, die Ressortverhältnisse der Provinzialverwaltung noch weiter auf einen einfacheren und deshalb kräftigeren und lebendigeren Organismus zurückzuführen. Schon oben ist bemerkt, daß auch ein anderer Theil der Regierungs-Funktionen besser den Händen theils von Kreis- und Lokalbehörden, theils der betheiligten korporativen Verbände selbst überwiesen werde.

Wir unterlassen es, auf die in der Verfassung verheißene, bis jetzt noch unausgeführte selbständige eigene Ordnung und Verwaltung der evangelischen Kirche zurückzugehen. Wir beantragen an diesem Orte nur im Interesse einer angemesseneren Organisation der Verwaltungsbehörden und zur Vermeidung von Kollisionen und Hemmungen im Geschäftsbetriebe,

„die den Regierungen in Bezug auf kirchliche Angelegenheiten, laut Verordnung von 1845, noch vorbehaltenen Gegenstände einerseits, soweit sie die innern Angelegenheiten der Kirche betreffen, den kirchlichen Behörden, d. h. den Provinzial-Konsistorien, andererseits, soweit sie äußere Angelegenheiten zum Gegenstande haben und besser von praktischen, den Verhältnissen und Betheiligten nahe stehenden Männern und Organen besorgt werden, theils der Kreisverwaltung, theils den Gemeinden selbst zu übergeben."

Es empfiehlt sich doch wahrlich nicht, daß nach der Verordnung von 1845 die Regierungen mit den Konsistorien über das Vorhandensein kirchlicher Bedürfnisse oder die Abmessung ihres Umfanges, wie über Verwendung der bei der Vermögensverwaltung einzelner Kirchen, kirchlicher Stiftungen und Institute sich ergebenden Ueberschüsse, weiter erst noch in näheres Einvernehmen treten sollen, ebenso wenig, daß bei Veränderung bestehender, sowie bei Einführung neuer Stolgebühren-Taxen, ingleichen bei Veränderung oder Neubildung von Pfarrbezirken jede Behörde, Regierung wie Konsistorium, befugt sein solle, die dazu erforderlichen Einleitungen und Vorbereitungen mit Hülfe ihrer Organe auf eigene Hand selbständig zu treffen und dann nur gemeinschaftlich, wiederum aber noch zur Entscheidung des Kultus-Ministers, zu berichten.

Es liegt doch in der That nahe, daß alle kirchlichen und geistlichen Angelegenheiten von der Kompetenz der Regierungen ausgeschieden, und soweit sie kirchlicher Natur sind, den Provinzial-Konsistorien, daß dagegen die Regulirung der Interimistiken in streitigen Bausachen, ferner die in das polizeiliche Gebiet der Gesundheitspolizei hineinfallende Sorge für Anlegung und Unterhaltung von Kirchhöfen, ingleichen die polizeilichen Anordnungen und Vorschriften über die äußere kirchliche Ordnung, der Kreisverwaltung, — vorbehaltlich eines Rekurses der Betheiligten an die weiter unten zu erwähnende Instanz — den Verwaltungs-Gerichtshof — überwiesen werden, wogegen die Ernennung oder Bestätigung der für Verwaltung des kirchlichen Vermögens anzustellenden weltlichen Kirchenbedienten, wie die Aufsicht über dieselben offenbar den Kirchengemeinden gebührt, deren Organ der Kirchenvorstand ist, allenfalls unter Aufsicht der durch die Erlasse von 1861 eingerichteten Kreissynoden, resp. der Kreissynodalvorstände, wodurch zugleich auch deren Wirkungskreis eine angemessene reale Erweiterung erhielte.

Dazu wäre es freilich eine bedeutende Vereinfachung und Verbesserung des Staatsverwaltungsorganismus, wenn an Stelle der Kirchenbücher Civilstandsregister mit Uebertragung der zu beglaubigenden Akte an die bürgerlichen Behörden träten, wenn sodann endlich auch zu der in der Verfassungs-Urkunde vorgeschriebenen Einführung der obligatorischen Civilehe geschritten würde, — eines Instituts, das einst Ritter v. Bunsen mit Recht als eine der segensreichsten Bestimmungen napoleonischer Gesetzgebung pries und für welches sich sogar dessen geistvoller Freund, König Friedrich Wilhelm IV., zu entscheiden geneigt war, welches überdies den altpreußischen Staatsmaximen verfassungsmäßig garantirter Religionsfreiheit entspricht.

Die Verordnungen von 1808 und 1817 beschränkten die Einwirkung der Regierungen resp. kirchlichen Behörden: „soweit es der Staatszweck erfordert und die Gewissens- und Religionsfreiheit gestattet." Die Toleranz ist ein oberster preußischer Staatsgrundsatz. In demselben Grade, als sich die Geschäftspraxis der Konsistorien zu diesem Prinzip bekennt, vermindern sich ihre Arbeiten. So lange die Gemeinden mit ihren Geistlichen zufrieden sind, sollten sich die Konsistorien jeder hierarchischen Einmischung von oben her um konfessionell abweichender Glaubensmeinungen willen enthalten. Jede derartige Einmischung geschieht nur auf Kosten der Religion und der kirchlichen Gemeinschaft. Dafür giebt das Verhalten der Staatsbehörden gegen die Altlutheraner in den dreißiger Jahren, später gegen die Dissidenten, ein beredtes Zeugniß.

Aus dem Ressort der Regierungen sind ferner alle Schulangelegenheiten, insbesondere die der Volksschulen, der Einrichtung von Schulbezirken und Schulverbänden, wie der Herstellung von Schulhäusern u. s. w. auszuscheiden. Dazu müssen aber gleichzeitig die Provinzial-Schulkollegien als selbständige Provinzial-Behörden überall anerkannt und von der Verbindung mit den Konsistorien losgelöst werden. Es ist dies ohnehin in den neuerworbenen Landestheilen durch die Verordnung vom 22. September 1867, betreffend die Errichtung von Provinzial-Schulkollegien und Medizinal-Kollegien, bereits geschehen. Die Volksschule, wie die Wahl des Lehrers aus den in den Seminarien vorgebildeten Kandidaten ist zunächst Sache und Recht der Gemeinden, denen man es auch überlassen kann, wieweit, dem Art. 24 der Verfassungs-Urkunde gemäß, bei Einrichtung ihrer öffentlichen Volksschulen die konfessionellen Verhältnisse berücksichtigt werden sollen.

Die selbständige Verwaltung des Schulwesens ist nach Geschichte, Zusammenfügung und Mission des preußischen Staats ein unabweisliches Bedürfniß. Dadurch wird am sichersten dem in Preußen bewährten, schon in den mehrerwähnten Verordnungen von 1808 hervorgehobenen Grundsatz entsprochen:

„daß die Ausbildung der Jugend unter den Aufgaben und Pflichten des Staats in erster Linie stehe, daß als deren Ziel die Beförderung von Religiosität und Moral, Duldungsgeist und Annäherung zwischen den verschiedenen Glaubensverwandten, Bürgersinn und Theilnahme für die öffentlichen Angelegenheiten, Anhänglichkeit an Vaterland Verfassung und Landesherrn, Achtung und Uebung der Gesetze zu verfolgen sei." —

Die Aufsicht und Leitung der Seminare wie aller Schulen und Unterrichts-Anstalten, welche sich an die Volksschule anschließen, gehören ja ohnehin bereits zum Ressort der Provinzial-Schulkollegien. Im Uebrigen aber überweise man die die Volksschulen betreffenden äußeren Angelegenheiten, gleichwie die äußeren Angelegenheiten der kirchlichen Gemeinden einer den Verhältnissen und Betheiligten nahe stehenden, daher mit den Bedürfnissen des Volks vertrauteren Behörde, der Kreisverwaltung, — je nach Bedürfniß unter Zuziehung, bei den evangelischen kirchlichen Angelegenheiten des Kreissynodalvorstandes, bei den Schulangelegenheiten einiger im Voraus bestimmter Schul-Direktoren und Lehrer, gleichwie bei denen der Gesundheitspolizei von Medizinalpersonen des Kreises.

An der Spitze der Kreisverwaltung soll der Landrath stehen, der in jenen Angelegenheiten zur Zeit meist nur als Organ und Kommissarius der vorgesetzten Behörden zu verhandeln und zu berichten hat.

Freilich würde außerdem die Verwaltung des Schulwesens erheblich vereinfacht werden, sobald endlich die bereits in den Gesetzen von 1808 und 1817 verheißene, in der Königlichen Verordnung von 1820 in Erinnerung gebrachte und in der Verfassungs-Urkunde von 1850 wiederholt versprochene Schulordnung, — das Unterrichtsgesetz, — erlassen sein wird. Um so anwendbarer wird alsdann auch auf diesem Gebiet, in Folge der Decentralisation und Selbständigkeit der Behörden, der 1808 und 1817 ausgesprochene Verwaltungsgrundsatz:

> „daß die Behörden in allen Fällen, wo klare und bestimmte Gesetze und Vorschriften vorhanden sind, aus eigener Macht das Nöthige zu verfügen und auszuführen haben und (wie §. 8 der Geschäfts-Instruktion vom 23. Oktober 1817 bestimmt) ihnen in dergleichen Fällen jede Anfrage sogar ausdrücklich untersagt werde."

Es soll hierbei nicht verschwiegen werden, daß im Lande besonders die geistlichen und Schul-Abtheilungen der Regierungen unpopulär sind, weil die Angelegenheiten, wie dies nicht sowohl in den Personen als in den Institutionen liegt, öfter sehr unpraktisch zum Nachtheil der Betheiligten behandelt und überaus verzögert werden.

Sodann scheide man aus dem Geschäftskreise der Regierungen auch das ganze fiskalische Finanz- und Steuerwesen aus. Dazu gehört, nächst den in mehreren Landestheilen schon bestehenden, auch in den neuen Provinzen für die indirekten Steuern hergestellten Provinzial-Steuer-Direktionen, die Abtrennung der Verwaltung der Domainen und Forsten wie der direkten Steuern, mit deren Ueberweisung entweder, nach dem Vorgange in der Provinz

Hannover, an eine selbständige Provinzialbehörde, oder an eine besondere Abtheilung der Provinzial=Steuer=Direktion.

Endlich trenne man wiederum die landwirthschaftlichen Abtheilungen von den Regierungen und stelle besondere General=Kommissionen her. Denselben wären zugleich diejenigen von den Regierungen besorgten Landes=Meliorations=Angelegenheiten zuzuweisen, welche vom Ministerium der landwirthschaftlichen Angelegenheiten ressortiren, namentlich die Ent= und Bewässerungs= sowie die Deichsachen. Von den Meliorationsangelegenheiten blieben den Regierungen alsdann diejenigen, welche, wie z. B. die Anlegung von Kanälen, die Erhaltung der Schiffbarkeit der Flüsse, gegenwärtig zum Theil der besonderen Aufsicht und Leitung der Oberpräsidenten vorbehalten sind.

Daß das Finanz= und Steuerwesen, insbesondere die Verwaltung der Domainen und Forsten, mit den wesentlich landeshoheitlichen und landespolizeilichen Funktionen der Regierungen wenig Verwandtschaft hat, bedarf keiner weiteren Ausführung. Die Auflösung der General=Kommissionen und deren Verbindung mit den Regierungen ist schon deshalb keine naturgemäße, weil jene Behörden in Bezug auf die ihnen vertrauten Regulirungen, Ablösungen und Gemeinheitstheilungen als Gerichtshöfe fungiren und deren Mitglieder als richterliche Beamte anerkannt sind. Wenn schon die Verbindung der Domainen= und Forstverwaltung mit den Regierungen die Gefahr eines überwiegenden Einflusses der fiskalischen Interessen auf Kosten der Gerechtigkeit in Kollisionsfällen nahe legt, so ist dies bei einer Vereinigung der General=Kommissionen noch im höheren Grade der Fall. Die richterliche Unabhängigkeit der General=Kommissionen resp. landwirthschaftlichen Abtheilungen als Kollegien verlangt deren Besetzung mit einer hinreichenden Anzahl von Mitgliedern. Sie ist nicht gewahrt, wenn, wie bei einigen preußischen Regierungen, die landwirthschaftliche Verwaltung aus einem oder zweien Mitgliedern besteht und nur integrirender Theil einer Abtheilung der Regierung ist. Erweitert man das Ressort der General=Kommissionen auf die oben bezeichneten Meliorationssachen, so ist es noch immer an der Zeit, bei Abtrennung der landwirthschaftlichen Abtheilungen von den Regierungen, in der Provinz Preußen auch dort eine besondere General=Kommission, — selbstverständlich mit tüchtigen richterlich und ökonomisch=technisch ausgebildeten Mitgliedern — wiederherzustellen.

In der Rheinprovinz würde eine eigene Landeskultur=Behörde zu schaffen sein, der es daselbst an Arbeit, schon für Ent= und Bewässerungssachen, nicht fehlen würde.

Nach Ausscheidung der vorgedachten Geschäftszweige aus dem Ressort der Regierungen, blieben ihnen demnächst:

I. Die obere Aufsicht über das Kommunalwesen und die Korporationen, jedoch mit der Beschränkung, daß die Selbstverwaltung und damit verbundene Beschlußnahme den Gemeinden und Korporationen selbst, hingegen die Entscheidung auf Beschwerden, gleichviel übrigens ob von Abtheilungen und Klassen der Gemeinden, oder von deren einzelnen Mitgliedern, — soweit es sich dabei nicht um die größeren eximirten Städte oder die Kreisversammlungen selbst handelt, — den Kreisverwaltungen überwiesen, mithin die Kompetenz der Regierungen hinsichtlich der Kommunalsachen auf eine bloße Rekursinstanz beschränkt und zurückgeführt werde. Dasselbe gilt auch von Gewerbesachen, z. B. auch von Verleihung oder Versagung einer Schankgerechtigkeit ꝛc., sofern dieserhalb polizeiliche Konzessionen fortbestehen sollten.

Schon vor 60 Jahren ist die unmittelbare Einwirkung der Regierungen in Kommunal- und Korporations-Angelegenheiten nur als ein provisorisches Uebergangsstadium bezeichnet, „für so lange, als den Gemeinden und Korporationen nicht die selbständige Verwaltung ihrer Angelegenheiten überlassen wird.“ Man darf annehmen, daß dieser Zeitpunkt endlich eingetreten sei, nachdem die Städte-Ordnung und unsere Wehrverfassung von 1808, nachdem die Agrar- und Gewerbegesetzgebung seit 1810 und 1811 vorangegangen sind.

Die von den Regierungen in der Rekursinstanz auf vorgängiges Verfahren erlassene Entscheidung muß demnächst aber eine endgültige sein. Zu Administrations-Gerichtshöfen eignen sich unter gewissen Voraussetzungen vorzugsweise die Regierungen. Eine lange Zeit hindurch schien es Staatsmaxime, die Stellen der Präsidenten und Ober-Präsidenten, auch der Direktoren, mit richterlich ausgebildeten, dabei staats- und volkswirthschaftlich geschulten Beamten zu besetzen. Dergleichen sind freilich auch in den Verwaltungs-Gerichtshöfen nöthig und wo es daran fehlt, zuzuziehen.

Mit Einführung dieses Instituts fielen denn fort 1) ein überwiegender Theil der zahlreichen Petitionen an die Landesvertretung und die zeitverschwendenden Verhandlungen und Konflikte darüber mit der Staatsregierung, 2) die Beschwerden und Remonstrationen an die Minister. Wenn diese Letzteren zur Zeit über Fragen des öffentlichen Rechts wie über Privatinteressen erkennen, so sind sie dafür einleuchtend eine durchaus ungeeignete Instanz. Was zur Kompetenz der Ministerien und besonders des Ministeriums des Innern gehört und zu verbleiben hat, wird weiter unten erwähnt werden.

Es ist hier der Ort, auf die Errichtung von Administrations-Gerichtshöfen näher einzugehen. Selbstverständlich bleiben von deren Kompetenz alle Angelegenheiten ausgeschlossen, welche schon gegenwärtig zum Rechtswege gehören, oder demselben noch später zugewiesen werden. Eine Erörterung über die Erweiterung des Rechtsweges liegt außerhalb der Grenzen und Aufgabe dieser Abhandlung.

Die Konstituirung der Regierungen zu Verwaltungs-Gerichtshöfen hat bereits ein Präcedenz für sich in dem preußischen Gesetz vom 22. Juni 1861, betreffend die Abänderung einiger Bestimmungen der allgemeinen Gewerbe-Ordnung vom 17. Januar 1845, wegen Entziehung von Gewerbe-Konzessionen. Der Rekursentscheidung muß, wie nach dem Gesetz vom 22. Juni 1861 vorgeschrieben ist, ein mündliches öffentliches Verfahren, bei ganz unbedeutenden und unwichtigen Sachen wenigstens ein Schriftwechsel vorausgehen. Auch empföhle sich, die Appellabilität gegen Entscheidungen der untern Instanz, des Kreisausschusses, angemessen zu beschränken.

Voraussetzung bei Bestellung der Regierung zum entgültig entscheidenden Verwaltungs-Gerichtshof in den Kommunalangelegenheiten (auch Gewerbe- und ähnlichen Sachen) ist aber die Herstellung der alten Kollegialverfassung dieser Behörden mit Abänderung des Disciplinargesetzes, insbesondere der Erweiterung desselben für die neuen Landestheile. Der wünschenswerthen Zuziehung von Mitgliedern der Provinziallandtage, besonders bei den Rekurs-Entscheidungen, ist weiter unten zu erwähnen.

Die gegenwärtige Art und Weise der entgültigen Erledigung von Beschwerden stellt, trotz der vielen Instanzen vom Dorfschulzen und Amtmann bis zum Minister hinauf, selten Jemand zufrieden. Die letzte Entscheidung gründet sich nur wieder auf den Bericht des unteren Beamten und es kann das beim gegenwärtigen Verfahren in Beschwerdesachen kaum anders sein. Würdigen wir dagegen auch bei obigem Reorganisationsvorschlage den Grundsatz unserer Hohenzollernschen Fürsten: „justitia fundamentum regnorum,“ welcher gleich wichtig und beachtenswerth ist für das umfangreiche Gebiet der Verwaltung, wie für den beschränkteren Bereich der Justiz.

Zur Erläuterung über die Begrenzung der Kompetenzen der Verwaltungs-Gerichtshöfe, und die Bedeutung ihrer Entscheidungen mögen noch folgende Bemerkungen dienen:

Gegen Entscheidungen der Administrations-Gerichtshöfe, durch welche die Prinzipien der Landesgesetze verletzt werden, wäre, wie gegen derartige endgültige Entscheidungen der ordentlichen Gerichtshöfe, die Remedur nur im Wege der Gesetzgebung zu treffen, nicht mehr durch Reskripte der Minister für den besonderen konkreten Fall.

Vor die Landesvertretung würden fortan nur solche Petitionen und Beschwerden gehören, welche in das legislative Gebiet hineinfallen.

Ueber Gegenstände der Legislation und die darauf gerichteten, dem Bereich der Gesetzgebung anheimfallenden Anträge und Beschlüsse, insbesondere auch von Kreis- und Provinzial-Landtagen, haben allerdings nicht die Regierungs- und Provinzial-Behörden im Rekurswege, sondern ist entweder im Verordnungswege durch den König oder im Wege der ordentlichen Legislation durch die gesetzgebenden Faktoren zu befinden und zu entscheiden, je nachdem die Angelegenheit verfassungsmäßig in dem einen oder andern Wege ihre Erledigung zu erhalten hat.

Nach Ausscheidung der oben gedachten besonderen Verwaltungsgeschäfte aus dem Ressort der Regierungen, mit Ueberweisung derselben theils an die Kreisverwaltung, theils an die Konsistorien und Provinzial-Schul-Kollegien, würden den Regierungen außer der Aufsicht über die Kommunalangelegenheiten in obiger Beschränkung fernerhin:

II. Diejenigen öffentlichen, resp. Staatsverwaltungssachen im engeren Sinne verbleiben, welche von ihrem Ressort nicht abgezweigt werden. Dahin gehören insbesondere Militärangelegenheiten, Eisenbahnwesen, Kanal- und Chausseebauten, auch Gewerbesachen, gleichwie diejenigen wichtigeren, nicht schon oben ausgeschiedenen Angelegenheiten anderer Art, welche in der Instruktion für die Oberpräsidenten vom 31. Dezember 1825 als zu deren Ressort gehörig bezeichnet sind und so lange als dahin gehörig betrachtet werden mußten, als in der Regel innerhalb desselben Provinzial- und Oberpräsidial-Bezirks mehrere Regierungen existiren.

Es würde nun aber bei der Beschränkung des Geschäftskreises der Regierungen in der Regel eine Regierung für jede Provinz genügen, mit Ausnahme vielleicht einerseits von Ost- und andererseits von Westpreußen, vielleicht auch vorerst von Nassau und Hessenkassel.

Auch bei diesen Staatsverwaltungssachen der Regierungen ist jedoch eine Mitwirkung ständischer Organe, wie sie zum Theil schon jetzt stattfindet, erwünscht.

Vereinigen sich in der oben bezeichneten Weise die verschiedenen Provinzial-Behörden der Regel nach in der Hauptstadt der Provinz, so wird die Leitung und das Präsidium des Oberpräsidenten bei den verschiedenen Provinzialbehörden (Regierungen, Konsistorien, Schulkollegien, Medizinalkollegien), bei denen ihm dasselbe nach der gegenwärtigen Verfassung zusteht, um so eher ermöglicht. Selbstverständlich wird derselbe bei diesen verschiedenen Behörden für Verhinderungsfälle einen Stellvertreter haben. Der **Oberpräsident** aber ist und bleibt so der **lebendige Mittelpunkt der gesammten Provinzial-Verwaltung**. Statt eines Oberpräsidial-Raths stehen ihm die Arbeitskräfte auch aller übrigen Mitglieder des Regierungs-Kollegiums zu Gebote. Daß der Ober-Präsident in unaufschiebbaren dringenden Fällen auf eigene Verantwortung Anordnungen treffen kann, bedarf nicht der Erwähnung.

Dem Oberpräsidenten persönlich bliebe aber die ihm nach der Verordnung vom 27. Juni 1845 übertragene Ausübung des landesherrlichen jus circa sacra der römisch-katholischen Kirche.

Oben wurde die Erörterung theils bezüglich einer **Theilnahme ständischer Organe an den Rekurs-Entscheidungen** der Regierungen **über Kommunal- und ähnliche Sachen**, theils bezüglich einer geeigneten **Mitwirkung bei den Staatsverwaltungssachen** im engeren Sinne, vorbehalten.

Jene Theilnahme und diese Mitwirkung wird durch die Forderung der Betheiligung der Nation nicht blos an der Gesetzgebung, sondern auch an der Verwaltung gerechtfertigt.

Demgemäß beantragen wir:

„**die Zuziehung von den Provinzial-Landtagen gewählter landständischer Repräsentanten zu den wichtigeren Berathungen, insbesondere zu den endgültigen Entscheidungen der Staatsverwaltungs-Behörden der Provinz.**"

Nur in **Nassau** und **Hessenkassel** wird die Wahl vorerst den **Kommunalständen** beizulegen sein. Wir gehen bei obigem Antrage auf den §. 93 der Geschäfts-Instruktion für die Regierungen und auf §. 18 ff. der Verordnung wegen verbesserter Einrichtung der Provinzial- 2c. Behörden, beide vom 26. Dezember 1808, zurück. Die damals vorgeschriebene Theilnahme landständischer Repräsentanten an den Geschäften der Regierungen war dazu bestimmt:

„**die öffentliche Administration mit der Nation in nähere Verbindung zu setzen, den Geschäftsbetrieb mehr zu beleben und denselben durch Mittheilung von Sach-, Orts- und Personenkenntniß seitens der theilnehmenden ständischen Repräsentanten möglichst zu vereinfachen, die Mängel, welche sie in der öffentlichen Administration bemerkten, zur Sprache zu bringen und nach ihren aus dem praktischen Leben geschöpften Erfahrungen und Ansichten Vorschläge zu deren Verbesserung zu machen, sich selbst von der Rechtlichkeit und Ordnung der öffentlichen Staatsverwaltung näher** zu überzeugen und diese Ueberzeugung in der Nation gleichfalls zu erwecken und zu befestigen."

Wenn diese Zuziehung ständischer Repräsentanten zu den Berathungen der Regierungen damals kein Leben gewann, so steht es damit jetzt anders. Es sind seitdem Repräsentationen korporativer Verbände, namentlich der Provinzen, überall konstituirt, seit länger als 40 Jahren wirksam gewesen und mit allgemeinen Verwaltungsgeschäften vertraut. Zum Theil haben schon jetzt resp. von den Kreisversammlungen und von den Provinzial-Landtagen ernannte Kommissionen über Beschwerden und Rekurse wegen Aushebung zum Militär und Unabkömmlichkeit, sodann wegen Ueberbürdung mit Einkommen-, Klassen- und Gewerbesteuer mitzuberathen.

Es bedarf nur einer weiteren Ergänzung dieser Einrichtung durch angemessene Ausdehnung jener Kompetenzen auf andere öffentliche Verwaltungszweige und deren Abgrenzung gegenüber den Befugnissen der Kreisausschüsse.

VI. Ressort der Ministerien; das Ministerium des Innern.

Die Reorganisation der Staatsverwaltung wird es endlich auch mit den ministeriellen Ressorts, vorzugsweise mit dem Kompetenzkreise des Ministeriums des Innern zu thun haben.

Der Herr Minister des Innern hat in der Sitzung des Abgeordnetenhauses vom 15. Januar d. J. durch detaillirte Aufzählung der Geschäfte seines Ministeriums die Beurtheilung wesentlich erleichtert. Diese unter 30 Nummern aufgezählten Geschäfte sind folgende:

1) die Generalien über die Organisation, den Geschäftskreis und die Geschäfts-Verwaltung der höheren Staatsbehörden, sowie über die Verhältnisse und Amtspflichten der Beamten;

2) die Personalien — wie sich von selbst versteht — des Ministeriums selbst;

3) aus dem Geschäftskreise des hiesigen Polizei-Präsidii das Etats- und Rechnungswesen, die Personalien, die Angelegenheiten des Nachtwachtwesens, der Schutzmänner und Wachtmeister, der Schutzmanns-Pensionskasse und ihrer Fonds und Grundstücke, die Angelegenheiten der Feuerwehr;

4) die Personalien der Provinzial-Verwaltungs-Behörden und der Kreis-Behörden, sowie der Oberämter in Hohenzollernschen Landen und der Amtshauptleute in Hannover;

5) die Landeshoheits-, Hof- und Lehnssachen, Majorate und Fideikommisse;

6) die Ordenssachen;

7) die Angelegenheiten der Damenstifter;

8) die Verfassungssachen, einschließlich der Angelegenheiten beider Häuser des Landtages;

9) die gesammten ständischen Angelegenheiten;

10) die Hoch- und Domstifter;

11) die gesammte Kommunal-Verwaltung nebst den Angelegenheiten der Schützen-Gilden;

12) die Militär-Angelegenheiten;

13) das Judenwesen, Rehabilitationen, Belohnungen für Lebensrettungen;

14) die Kollekten und Unterstützungssachen;

15) die Armenpflege und Heimathssachen;

16) die statistischen Angelegenheiten;

17) das Kriegsschuldenwesen;

18) die landschaftlichen Kredit-Institute;

19) die Provinzial-Hülfs- so wie die Leih- und Spar-Kassen;

20) die Gesellschafts- und Korporations-Rechte der Privat-Vereine zu wohlthätigen Zwecken und milden Stiftungen;

21) die ständischen (Provinzial-) und städtischen Feuer-Versicherungs-Societäten;

22) Gesetzsammlungs- und Amtsblattssachen;

23) die Rekurs- und Beschwerdesachen des hiesigen Königlichen Polizei-Präsidiums;

24) die gesammte Landes- und Lokal-Polizei-Verwaltung und zwar:

a) die Sittenpolizei;

b) die Sicherheitspolizei im engeren Sinne;

c) die Kirchenpolizei;

d) die Baupolizei, soweit das Ministerium des Innern dabei betheiligt ist;

e) die Feuerpolizei;

f) die Lebensmittelpolizei;

g) die Gewerbepolizei, soweit das Ministerium des Innern dabei betheiligt ist;

h) die Fremden- und Paßpolizei;

i) das Versammlungs- und Vereinswesen;

k) Theater, öffentliche Feste und Vergnügungen;

l) die polizeiliche Beaufsichtigung der Presse;

m) außerordentliche Ereignisse und Vorfälle aller Art von Wichtigkeit als: ansteckende Krankheiten, Seuchen, Feuersbrünste, Ueberschwemmungen, Theuerungen und Mangel, Nothstände;

25) die Polizei-Organisation im Allgemeinen und die Personalien der Polizei-Beamten;

26) die Land-Gendsdarmerie;

27) die Straf-, Besserungs- und Gefangenen-Anstalten;

28) die Ein- und Auswanderungen, Ansiedlungssachen;

29) das Transport-Wesen der Verbrecher, Bettler und Vagabunden;

30) das Assekuranz-Wesen, Feuer-Versicherungs-Gesellschaften, Lebens-Versicherung und dergleichen.

Es scheint nun aber kaum bestreitbar, daß die überwiegende Mehrzahl dieser Geschäfte den Regierungen und ihnen gleichstehenden Provinzial-Kollegien für ihre Ressorts zugewiesen werden kann und bei einem fest geregelten Organismus und Kompetenzkreise der Behörden überwiesen werden muß. Nicht blos im Jahre 1808 kam es nach dem Publikandum vom 16. Dezember darauf an:

„der Geschäftsverwaltung in höchster Instanz die größtmöglichste Einheit, Kraft und Regsamkeit zu geben, sie in einen obersten Punkt zusammenzufassen und die Geisteskräfte der Nation und des Einzelnen auf die zweckmäßigste und einfachste Art für solche in Anspruch zu nehmen, von einem obersten Standpunkte aus aber das Ganze zu übersehen und dennoch zugleich auf die Administration des Staates belebend einzuwirken."

Unzweifelhaft ist das auch gegenwärtig noch die eigentliche und hauptsächlichste Aufgabe der höchsten Landes- und Verwaltungs-Behörden, der Ministerien. Sie ist seit dem Bestehen eines konstitutionellen Regimes um so unerläßlicher geworden. Ihre Erfüllung scheint aber fast unmöglich, wenn sich diese höchsten Behörden in die zahlreichen Detailgeschäfte und in die Ressorts der Mittel- und Unterbehörden einmischen und ihnen diejenige Befugniß und Verantwortlichkeit abnehmen, welche weit zweckmäßiger, der That nach sogar allein, von diesen Behörden ausgefüllt werden kann. Je mehr sich die Ministerien in einzelne, so überaus mannigfaltige Verwaltungs-Angelegenheiten versenken, je mehr muß ihnen der klare und umfassende Blick für das Ganze und das Verständniß für die geistigen, materiellen und politischen Bedürfnisse der Nation schwinden, wie dies vor 1807 und während der dem Jahre 1848 vorausgegangenen Periode der Fall war.

Von jenen 30 Gegenständen eignen dem ministeriellen Ressort unter anderen allerdings und jedenfalls die Generalien über die Organisation der Behörden, die Personalien des Ministeriums selbst, außerdem Verfassungs- und ständische, Hoheits- und Ordenssachen. Im Wesentlichen und prinzipiell aber wären die Geschäfte, insbesondere des Ministeriums des Innern, wohl auf folgende Gegenstände zurückzuführen und zu beschränken: 1) die Vorbereitung und Publikation der Gesetze, 2) desgleichen der Königlichen Verordnungen, 3) die Vorbereitung und den Erlaß von allgemeinen Instruktionen und Anweisungen innerhalb der Grenzen der gegebenen und bestehenden Gesetze, wie von umfassenden allgemeineren organisatorischen Maßregeln, soweit sie nicht — (der Regel nach) — der Legislation angehören, 4) diejenigen Personal- und sachlichen Angelegenheiten, über welche des Königs Majestät Allerhöchstselbst eine Entschließung zu fassen, Ernennungen oder Bestätigungen zu vollziehen, Gesuche zu bewilligen oder abzulehnen und über Fonds zu verfügen hat.

Hiermit schließen wir unsere Vorschläge und übergeben dieselben der Prüfung. Wir machen wiederholt geltend, daß dieselben nicht von einer tabula rasa ausgehen, sich vielmehr überall an historische Zustände und gegebene Verfassungs-Verhältnisse anschließen und nur deren zeitgemäße Entwickelung fordern. Wir verlangen und setzen freilich aber voraus, daß sie unbefangen und parteilos, im vollen Verständniß preußischer Geschichte und Mission, geprüft und soweit sie richtig befunden, mit derjenigen Vaterlandsliebe, Energie und Einsicht ausgeführt werden, welche die Staatsmänner beseelte, die einstmals in weit schwierigerer Lage, unter weniger glücklichen Verhältnissen, durch großartige politische Gedanken und Gesetze den preußischen Staat aus seinem damaligen Verfall emporhoben und zu dem Ende ein großes Herz, ein klares Verständniß und die rechte Begeisterung auch zugleich für seine innere Politik und die geistige Erhebung des Volks hatten.

Berlin, den 10. Mai 1868.

Kolibri 360 GmbH
Ferdinand-Jühlke-Straße 7
99095 Erfurt, Deutschland
produktsicherheit@kolibri360.de